PETITES EXPÉRIENCES SCIENTIFIQUES POTENTIELLEMENT CATASTROPHIQUES

Sean Connolly

Traduit de l'anglais (États-Unis) par Guy Chouraqui

DUNOD

First published in the United States as THE BOOK OF POTENTIALLY
CATASTROPHIC SCIENCE: 50 Experiments for Daring Young Scientists
Copyright © 2010 by Workman Publishing
Published by arrangment with Workman Publishing Company, Inc., New York.

L'édition originale de cet ouvrage a été publiée sous le titre *The Book of Potentially
Catastrophic Science: 50 Experiments for Daring Young Scientists*,
© 2010 par Workman Publishing.
Cette édition a été publiée en accord avec Workman Publishing
Company, Inc., New York.

Concept de couverture : Raquel Jaramillo
Illustration de couverture : Lou Brooks
Maquette : Netta Rabin
Illustrations : Robert James (Rachid Maraï pour la page 95)

DANGER
LE PHOTOCOPILLAGE
TUE LE LIVRE

© Dunod, Paris, 2013 pour la traduction française
ISBN 978-2-10-070207-7

*À Frederika qui a décelé mon potentiel
et m'a aidé à éviter les catastrophes.*

Je suis très reconnaissant envers Raquel Jaramillo de Workman pour son enthousiasme et son regard à chaque étape de l'écriture et de la production de cet ouvrage. Je voudrais également remercier les personnes et organismes suivants pour leur aide et leurs conseils :
Frank Ciccotti, James Dalton, Benjamin Joyce, Dr. Jeff Kena, Dr. Peter Lyndon, William Matthiesen, Dr. Sarah Morse, Professeur Jay PAsachoff, Oliver Pugh, Peter Rielly, Elizabeth Stell, Bath Literature Festival, Berkshire Film and Video, Camco International, Hostelling International, Leabharlann Contae Chiarrai, université d'Oxford, Williams College, et l'institut océanographique Woods Hole.

SOMMAIRE

INTRODUCTION

Dans vos livres ou BD préférés, avez-vous remarqué le grand nombre de personnages représentés comme des « savants fous » ? Pourquoi « fous » ? Ne se consacrent-ils pas à étudier sérieusement le monde et son fonctionnement ? S'ils (ou elles) proposent parfois des idées extraordinaires, ils ne manquent jamais de les vérifier et ils ont à cœur de nous les faire partager. De plus, c'est bien à eux que nous devons tous les progrès de l'humanité, depuis le feu et la roue, jusqu'aux fusées, aux ordinateurs et aux rayons X ; où est donc la folie, dans tout cela ?

Peut-être la folie n'a-t-elle rien à voir avec les savants, et plus généralement avec les scientifiques. C'est nous qui considérons comme fou le fait de sauter de 40 000 mètres d'altitude, en confiant sa vie à quelques mètres carrés de tissu, ou bien le fait d'expédier des êtres humains vers la Lune, dans ce qui n'est ni plus ni moins qu'une boîte de conserve... À nos yeux, ces actions paraissent non seulement audacieuses ou téméraires, elles sont *potentiellement catastrophiques*.

Par chance, il existe des humains pleins de curiosité, de ténacité et de sang-froid, capables de se risquer à mettre en pratique des idées neuves. C'est grâce à eux que l'humanité a pu évoluer, de l'emploi d'outils de pierre, il y a quelques millions d'années, aux expériences de collision dans les accélérateurs de particules d'aujourd'hui. Tandis que certains demeuraient en marge du progrès dans la crainte de conséquences potentiellement catastrophiques, ceux-là se lançaient à l'assaut de domaines inexplorés.

Il est vrai que, malheureusement, certains de ces scientifiques ont vu leurs découvertes servir, non pas au bien-être de l'humanité, mais à la fabrication d'armes de guerre. Il en fut ainsi à toutes les époques, depuis l'arc et la flèche jusqu'à la fission de l'atome.

Bien heureusement, les progrès scientifiques ont toujours équilibré les catastrophes potentielles. Prenons l'exemple de la poudre : elle a servi à fabriquer d'innombrables armes à feu, mais elle peut être utilisée pour percer des tunnels à travers les montagnes, ou bien à déblayer le terrain pour construire des barrages. Les hélicoptères sont utilisés comme armes de guerre, mais ils peuvent aussi secourir des blessés en pleine nature, ou bien venir à l'aide de régions dévastées par des séismes. Quant à l'énergie nucléaire, elle est à la base de bombes terriblement destructrices, mais elle pourrait représenter une énergie « verte » compensant l'épuisement du pétrole, si on parvenait à la rendre totalement sûre.

Les savants ont toujours été confiants dans les apports positifs de la science, et ils espèrent même en dominer les conséquences les plus négatives. *Ce livre de la science potentiellement catastrophique* vous permet de vous joindre à eux, tout au long des étapes qui ont marqué les deux millions d'années de l'aventure humaine. Vous serez en coulisse, vous les verrez faire face au danger sans reculer. Mais vous ne vous contenterez pas de les observer, vous participerez à plusieurs douzaines d'expériences, de tests et de vérifications, en vue de résultats qui vous émerveilleront.

Chacun des 34 chapitres démarre par la description d'une importante avancée scientifique ou technologique (c'est-à-dire qui concerne les applications pratiques de la science). Vous constaterez qu'elles sont éclairantes, éducatives, parfois même amusantes. Mais, dans chaque cas, vous apprendrez précisément où se dissimule le risque d'une catastrophe.

Puis, après chacune de ces présentations, vous sera proposée **LA CAUTION SCIENTIFIQUE**, c'est-à-dire une explication claire des principes scientifiques qui fondent ces découvertes – mais aussi leurs dangers éventuels !

Après quoi, ce sera à vous de jouer ! Retroussez-vous les manches et attaquez-vous aux expériences ; certaines feront obligatoirement appel à des adultes, pour une aide ou une surveillance. Cela sera précisé pour chaque expérience dans l'Échelle des Catastrophes (ci-contre). Dans tous les cas, vous devrez faire preuve de prudence. Vous parcourrez ainsi les millions d'années de notre aventure, depuis l'aube de l'histoire, où l'humanité fit ses premiers pas sur les sentiers de la science, jusqu'à aujourd'hui, où l'on mesure la vitesse de particules allant presque aussi vite que la lumière. Ce sera un voyage passionnant qui vous donnera l'occasion d'apprécier d'authentiques merveilles – si toutefois les catastrophes ne vous font pas peur !

ÉCHELLE DES CATASTROPHES	
☢	**BAS** : aucun risque de catastrophe.
☢ ☢	**RÉDUIT** : petit risque de désordre, découpage de papier, attention aux taches !
☢ ☢ ☢	**ÉLEVÉ** : emploi d'objets lourds ou pointus. Surveillance par un adulte recommandée.
☢ ☢ ☢ ☢	**TRÈS ÉLEVÉ** : utilisation de flammes, de liquides chauds ou de produits dangereux. Surveillance par un adulte indispensable !

Les premiers outils
DE L'ÂGE DE PIERRE

LES DÉBUTS DE LA COURSE AUX ARMEMENTS

U n soleil torride brûle un paysage sec, parsemé de roches, d'arbustes et de quelques arbres nains. Au loin, au-delà d'une grande plaine, quelques pitons volcaniques. Les cendres et la lave de ces volcans ont enrichi un sol qui, sans cela, serait stérile et désertique. Bien au contraire, des plantes à fleur, telles que le sisal, poussent sur ce vaste terrain plat, à côté de différents types de graminées.

C'est une telle scène que vous auriez sous les yeux, si vous étiez transporté dans le passé, il y a plus de deux millions d'années, sur la plaine de Serengeti en Afrique de l'Est, dans l'actuelle Tanzanie. Plantes et animaux y prospèrent, et cette riche diversité est encore plus florissante au voisinage du lac peu profond que l'on voit au premier plan. Tout comme de nos jours, des animaux de

la plaine se retrouvent près de telles étendues d'eau ; d'un instant à l'autre, ce paisible point d'eau peut devenir le théâtre de scènes violentes et meurtrières. De puissants prédateurs s'apprêtent à bondir sur les ancêtres des gnous, des buffles, des antilopes et des zèbres venant au lac pour se désaltérer.

Rôdant dans les hautes herbes, ou se dissimulant parmi les arbres du bord du lac, se trouvent des ancêtres des lions, capables de s'attaquer à des animaux beaucoup plus gros qu'eux et de les tuer d'un coup de leur puissante mâchoire. Durant des millions d'années, ils étaient les seuls « clients » à venir se restaurer ici. Mais voici que désormais une concurrence nouvelle a fait son apparition : des humains.

Ces humains, qui vivaient dans la gorge d'Olduvai en Tanzanie il y a deux millions d'années, étaient des *Homo erectus*, une espèce antérieure à la nôtre. Ces humains, les premiers à se tenir debout en permanence, étaient des chasseurs-cueilleurs vivant principalement des fruits et des baies qu'ils pouvaient trouver, ainsi que des restes de viande laissés par les dangereux carnassiers.

Ces premiers hominidés vivaient donc essentiellement de végétaux, puis leur puissante intelligence ouvrit la voie d'un progrès inédit : ils commencèrent à tailler des pierres pour en faire des outils. Cela leur permit d'abord de couper des plantes ou récolter des racines, puis ils réalisèrent progressivement que ces outils permettaient de mieux prélever la viande sur les carcasses d'animaux, ou de briser les os pour en extraire la nourrissante moelle.

Qui sait combien de temps a pu s'écouler avant que ces premiers hominidés se soient rendu compte que ces outils de pierre étaient aussi des armes ? Une journée ? Un millier d'années ? Quoi qu'il en soit, la même intelligence qui a conduit l'homme à fabriquer des outils de pierre leur a montré comment les utiliser comme armes. Nous pouvons faire l'hypothèse que, primitivement, ces armes étaient purement défensives dans un premier temps (avez-vous déjà essayé de repousser à mains nues un tigre à dents de sabre ? Un épieu bien affûté rendrait un fier service à ces moments-là). Mais après avoir appris à employer des armes pour chasser des animaux, il n'a probablement pas fallu longtemps pour tourner ces armes contre d'autres humains. C'est alors que la première invention de l'humanité a pu acquérir des proportions « potentiellement catastrophiques » : la « course aux armements » venait de débuter.

Hypothèse : théorie non prouvée, utilisant les données disponibles pour expliquer certains faits.

LA CAUTION SCIENTIFIQUE

LA GORGE D'OLDUVAI EST DEVENU L'UN DES SITES les plus fascinants pour les paléontologues à la recherche des traces de la vie sur la Terre, dans un passé très lointain. Le trésor qu'ils y ont découvert, en particulier les restes de ces premiers humains, a valu à cette zone le surnom de « berceau de l'humanité ». L'examen approfondi de ces traces révèle par ailleurs autre chose : les premiers humains avaient déjà recours à des observations précises pour faire avancer leurs techniques.

Les scientifiques ont soigneusement daté et examiné des dizaines de pierres trouvées près de ce qui devait être le bord du lac (desséché depuis 500 000 ans). Il est clair que plusieurs de ces pierres, datant d'au moins deux millions d'années, ont été employées comme outils. Elles étaient taillées pour les rendre plus coupantes, certains de leurs éclats étaient très tranchants. À l'aide de puissants microscopes de nombreux ossements fossilisés trouvés dans la gorge d'Olduvai, on peut voir les rainures laissées par des outils de pierre à la surface des ossements. Cela témoigne de l'usage par les premiers humains d'outils de pierre dans leur vie quotidienne, pour se procurer ou préparer leurs aliments.

D'autres preuves proviennent de l'étude de sociétés humaines actuelles. Dans les régions reculées de la Papouasie-Nouvelle-Guinée, ou dans la forêt amazonienne, on fabrique des outils de pierre, en n'utilisant rien d'autre que ce qu'on peut trouver dans la nature. De tels outils sont très semblables à ceux des premiers hominidés. Ces outils, appelés *choppers* (mot anglais signifiant hachoir), sont obtenus en frappant un galet avec une autre pierre. Des fragments se détachent, faisant apparaître des arêtes coupantes. Un chopper très simple peut déjà permettre de creuser un sol dur pour chercher des racines. Pour tailler du bois ou découper des peaux d'animaux, il faut disposer de choppers aux bords mieux aiguisés.

En fixant ces choppers à des bâtons, l'homme a pu fabriquer des outils plus perfectionnés, tels que des haches, des flèches ou des lances. Si les premiers outils de l'âge de pierre étaient simples et faits pour être tenus à la main, nos ancêtres ont appris à attacher les pierres taillées à des manches en bois ou en corne pour les rendre plus efficaces. On peut ainsi plus facilement piocher le sol ou briser des os. En expérimentant ainsi, l'homme a pu constater que plus le manche est long, plus les coups frappés sont puissants : c'est la découverte de l'effet de levier.

Effet de levier : force supplémentaire obtenue en exerçant un effort par l'intermédiaire d'une barre rigide, un levier.

Force augmentée

Force ordinaire

Pivot

Le chopper de l'âge de pierre
EXPÉRIENCE

1

Le but est de réaliser votre propre outil de l'âge de pierre ! Il vous suffira d'une demi-heure pour faire l'apprentissage de savoirs que nos ancêtres ont acquis au fil des millénaires. Par exemple : un caillou est plus efficace quand il est attaché au bout d'un bâton. La longueur supplémentaire du bâton augmente la force du coup frappé. Le manche de votre outil est le levier ; vos épaules servent de pivot.

VOUS AUREZ BESOIN DE :

- UNE PIERRE PLATE (DE LA TAILLE D'UN MORCEAU DE SAVON)

- UN BÂTON (ENVIRON 40 CM DE LONG ET 2 CM DE LARGE) ; IL EST PRÉFÉRABLE DE LE CHOISIR FLEXIBLE ET SOLIDE

- UN COIN EN BOIS (DU TYPE UTILISÉ COMME CALE-PORTE)

- QUATRE LONGUEURS DE 50 CM DE CORDE

- GANTS

- UN(E) AMI(E)

1 Prenez la pierre en main pour choisir, en fonction de sa forme, le côté qui sera le meilleur pour couper ou creuser.

ATTENTION !

Il vaut mieux prévoir plusieurs bâtons, au cas où les premiers se casseraient en faisant une fente au milieu. Soyez prudent en vous servant de l'outil, car même le meilleur nœud de l'âge de pierre risque de lâcher !

Un artisan de l'âge de pierre rectifierait sa forme en la frappant à l'aide d'une autre pierre, mais il n'est pas nécessaire de le faire (sauf si vous voulez un outil réellement coupant).

2 Mettez le côté pointu du coin de bois vers le milieu du bâton. Les haches et les marteaux actuels ont leur « chopper » à l'extrémité du manche, mais nos ancêtres les plaçaient au milieu, pour réaliser un montage aussi solide que possible.

3 Mettez vos gants et frappez avec le côté plat de la pierre pour enfoncer le coin dans le bâton.

4 Continuez à frapper, jusqu'à ce qu'il y ait une fente assez longue pour y mettre la pierre.

5 Tenez deux morceaux de corde l'un à côté de l'autre.

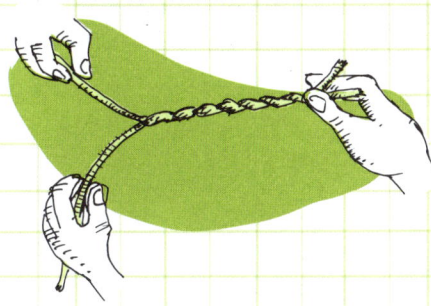

6 Avec l'aide d'un(e) ami(e), recroisez les deux cordes à plusieurs reprises, jusqu'à leur extrémité. Cette corde renforcée à deux brins est un cordage. Les humains primitifs réalisaient de tels cordages à partir d'herbes, de tiges, de joncs ou de lianes.

7 Répètez les étapes 5 et 6 afin d'obtenir une deuxième longueur de cordage.

8 Forcez la pierre dans la fente du bâton aussi complètement que possible (l'aide d'un robuste « homme des cavernes » serait bien utile à cette étape !). Attachez solidement une longueur de cordage autour de chaque extrémité du bâton, en faisant des doubles nœuds bien serrés.

9 Vous venez de créer un outil dont Fred Pierrafeu pourrait être fier ! Yabba dabba doo !

Les humains
MAÎTRISENT LE FEU

LA CONQUÊTE DE LA PLUS REDOUTÉE
DES FORCES NATURELLES

Les savanes du plateau d'Afrique du Sud (au voisinage de l'actuelle Johannesburg) représentaient une riche source de nourriture pour les humains qui vivaient là il y a plus d'un million d'années. On dispose de preuves que ces habitants utilisaient des pierres taillées ou des ossements pour trouver en creusant le sol des racines comestibles ou des insectes. Ils devaient aussi cueillir des baies et des fruits dans la végétation aux alentours des points d'eau. Un réseau de grottes offre dans cette région des abris contre le soleil brûlant, les fortes pluies saisonnières ou les dangereux prédateurs qui sillonnaient les plaines et les collines. L'un de ces prédateurs était le Megantereon,

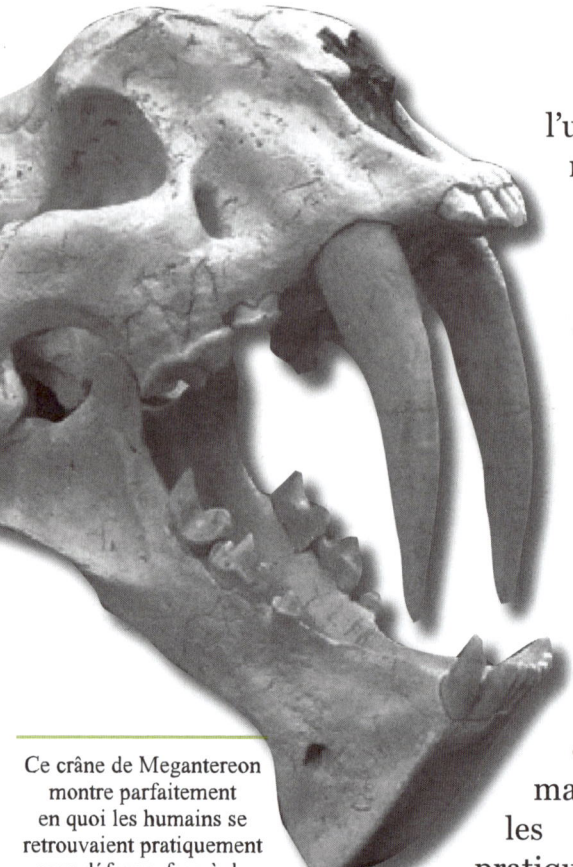

l'un des premiers félins à dents de sabre. Les scientifiques ayant examiné les squelettes de Megantereon ont acquis la certitude que ces animaux mangeaient des humains.

Comparés à ces redoutables machines à tuer, les humains sont pratiquement dépourvus de défense. Ils sont moins forts et moins rapides que d'autres animaux. Ils ont bien inventé des outils primitifs de bois, d'os ou de pierre, mais rien d'utilisable face à l'attaque d'un Megantereon. Comment ces communautés humaines primitives ont-elles échappé à la destruction ? Leurs observations quasi-scientifiques, ainsi que leur courage, leur ont permis de maîtriser une force capable de repousser même un Megantereon : le feu !

Ce crâne de Megantereon montre parfaitement en quoi les humains se retrouvaient pratiquement sans défense, face à de tels prédateurs : quelles canines !

Alors que le Megantereon s'est éteint il y a environ 500 000 ans, deux des tueurs qui chassaient leurs proies à ces lointaines époques sont encore répandus en Afrique du Sud, le léopard et la hyène tachetée. Ils hantent toujours le plateau africain, en quête de grands mammifères comme les gnous et les antilopes.

Des preuves scientifiques décisives témoignent du fait que les premiers humains ont allumé des feux dans leurs grottes, ou autres abris, afin de se prémunir contre toute attaque. Il est certain que le feu devait initialement leur inspirer la même terreur qu'aux animaux, mais ils ont été capables de la surmonter : prodigieux exemple d'ingéniosité et de courage ! Aucun autre animal sur Terre n'a appris à « jouer avec le feu » et à contrôler l'une des forces les plus destructives de la nature a donné aux humains un avantage certain pour leur survie. Non seulement le feu les a préservés des prédateurs, mais leur a aussi permis de lutter contre le froid et de cuire des aliments, gage de santé et de longévité. De plus, avec l'âge vient la sagesse (avez-vous cependant remarqué que ce sont toujours des vieux qui affirment cela ?) et grâce à une durée de vie plus longue, les jeunes générations ont pu bénéficier des connaissances transmises par leurs anciens.

Les dangers du feu n'ont certes pas pu échapper bien longtemps aux humains : les risques de brûlure, bien sûr, mais il leur a également fallu apprendre à ne pas trop respirer de fumées toxiques, potentiellement mortelles.

LA CAUTION SCIENTIFIQUE

IL EST PRESQUE CERTAIN QUE LES HUMAINS ONT découvert le feu en différentes régions, dans des types de paysages très variés, vers la même période, il y a un million à un million six cent mille années. Ce sont les restes recueillis dans la grotte de Swartkrans, en Afrique du Sud, qui nous ont fourni les éléments les plus précis sur les débuts de la conquête du feu.

Anne Skinner, professeur au Williams College dans le Massachusetts, a utilisé les techniques physico-chimiques les plus récentes pour examiner le bois, les os, les coquilles et autres substances datant de plusieurs millions d'années. Elle a pu déterminer que certains des ossements découverts dans la grotte de Swartkrans étaient âgés de 1,5 million d'années et qu'ils avaient brûlé à très haute température. Ce qui ne peut se comprendre que dans deux cas : soit dans un brasier de bûches de bois dur capables de brûler en donnant rapidement une température élevée, soit dans un feu d'herbes sèches et de branches ayant brûlé assez longtemps pour atteindre la même température.

Or, des arbres de bois dur n'ont jamais existé dans

cette région ; la seule possibilité restante est celle d'un feu de broussaille engendré par la foudre. On peut ainsi imaginer des humains transportant des branches enflammées à l'entrée de la grotte, puis entretenant le feu avec des branchages et des herbes sèches, obtenant ainsi un brasier très chaud.

Les ossements jetés dans les flammes subsistèrent bien longtemps après que toute trace de broussailles ou d'herbes ait disparu, demeurant ainsi les seuls témoins de la conquête du feu par l'humanité.

Fahrenheit 451
EXPÉRIENCE 2

Voici une propriété du feu qui vous surprendra : vous allez faire bouillir de l'eau dans un gobelet en carton, directement au-dessus d'une flamme ! En effet, un corps ne s'enflamme que si sa température dépasse son « point d'auto-inflammation ». Par exemple, l'alcool ne flambe que si on le chauffe au-dessus de 363 °C. Pour le papier ou le carton, cela dépend beaucoup de sa qualité : du papier ordinaire, non traité, ne brûle que bien au-dessus de 200 °C, beaucoup plus que la température d'ébullition de l'eau ! Un célèbre roman de science-fiction, écrit par Ray Bradbury et adapté au cinéma par François Truffaut, a pour titre *Fahrenheit 451*. Dans l'échelle de température Fahrenheit, la température normale du corps humain est de 100 °F et un livre brûle à partir de 451 °F !

VOUS AUREZ BESOIN DE :

- UN GOBELET EN CARTON, NON PARAFFINÉ
- UNE FOURCHETTE OU UN COUTEAU, POUR PERCER DES TROUS DANS LE GOBELET
- 60 CM DE FICELLE
- DU RUBAN ADHÉSIF
- DE 6 À 8 LIVRES
- BOUGIE
- EAU
- ALLUMETTES OU BRIQUET

ATTENTION ALLUMETTES !
Cette expérience, nécessitant l'emploi d'allumettes, ne doit se faire qu'en présence d'un adulte responsable.

ATTENTION !
Cette expérience exige de la patience, car l'eau mettra longtemps à bouillir à la flamme d'une bougie. De plus, il ne faut surtout pas utiliser un gobelet en carton paraffiné, car l'expérience porte sur la quantité de chaleur transmise à travers le carton et absorbée par l'eau. La paraffine absorberait une partie de cette chaleur, mais son volume étant bien plus petit que celui de l'eau, sa température pourrait monter assez haut pour que le gobelet prenne feu. Prenez garde également aux livres, et à vos mains !

1 Percez deux petits trous de part et d'autre vers le haut du gobelet.

2 Enfilez la ficelle à travers ces trous en laissant dépasser la même longueur de chaque côté.

3 Faites deux piles de livres de même hauteur (environ 25 cm ; la différence de hauteur entre les deux piles ne devra pas dépasser un demi-centimètre). Les deux piles doivent être distantes de 40 cm.

4 Suspendez le gobelet entre les deux piles de livre, en coinçant la ficelle de chaque côté entre les deux livres du haut.

5 La ficelle doit rester bien tendue. Au besoin, fixez-en les extrémités avec du ruban adhésif.

6 Placez la bougie sous le gobelet ; laissez 5 cm d'écart entre la mèche et le fond du gobelet.

7 Remplissez le gobelet aux trois quarts avec de l'eau.

8 Allumez la bougie.

9 L'eau va chauffer et va même bouillir, mais le gobelet en carton ne prendra pas feu !

L'
ARC ET LA FLÈCHE

LA PREMIÈRE ARME DE DESTRUCTION MASSIVE

L'époque Paléolithique, ou ancien âge de pierre, englobe 99 % de toute l'histoire de l'humanité. Cette ère s'est achevée avant l'invention de l'écriture : les scientifiques doivent donc se fonder sur d'autres traces pour apprendre comment les humains vivaient en ces temps. Heureusement, nos ancêtres ont laissé derrière eux des quantités de matériel à étudier !

C'est ainsi que nous savons qu'avant la fin du Paléolithique, les humains vivaient en groupes organisés pour se procurer de quoi se nourrir, par la chasse ou la cueillette, et s'abritaient en groupe. Leurs outils de pierre s'étaient diversifiés bien au-delà des premiers choppers (voir pages 1-7) : il existait des haches, des couteaux, puis des lances. Ces armes étaient à même de tuer, découper et trancher des animaux plus rapidement qu'auparavant, et grâce aux lances, de plus loin.

Mais l'emploi de ces armes se heurtait à une difficulté : la proie, consciente de la présence du chasseur, disposait de temps pour s'enfuir ! Il n'est guère difficile de se figurer les lamentations du chasseur dont l'espoir venait d'être déçu...

« Malheur de malheur ! Ah, si seulement je pouvais envoyer à grande distance quelque chose qui atteindrait cet animal sans faire de bruit ! »

Il faut imaginer le premier génie qui trouva une solution : il, ou elle, devait avoir observé que des branches d'arbres, tirées en arrière, pouvaient, en les relâchant, lancer des projectiles à grande vitesse. Il, ou elle, devait avoir remarqué que dans le corps des antilopes ou des gnous tués à la chasse, il existait des tendons, ces ligaments solides reliant le muscle à l'os. L'observation étant au cœur de l'authentique progrès scientifique, cet inventeur réellement brillant a dû connaître son instant « Eurêka », le jour où il, ou elle, a conçu l'idée d'attacher une branche d'arbre à un tendon pour fabriquer le premier arc, qui pourrait dès lors expédier à travers les airs de petites lances, les premières flèches.

Cette invention révolutionna l'art de chasser durant la préhistoire : expédier sa flèche silencieusement donnait un avantage décisif, face à un animal, ou à un autre humain. Voilà encore une invention ayant des conséquences potentiellement catastrophiques ! Plus tard, lorsque l'écriture apparut, l'arc et la flèche avaient déjà fait leurs preuves en tant que machines à tuer, et des humains en furent souvent victimes.

Cette peinture sur la paroi d'une grotte en Afrique représente un homme armé d'un arc et d'une flèche, qui vise un autre homme, équipé d'une lance. Qui sera vainqueur ?

LA CAUTION SCIENTIFIQUE

UN EXPERT EN ARMEMENT QUALIFIERAIT L'ARC ET la flèche de « vecteurs d'armes de destruction » car cet ensemble est déjà capable de lancer des projectiles. On pourrait désigner de la même façon l'ensemble « main et pierre » ou « main et lance », mais l'arc est susceptible de développer une force de propulsion beaucoup plus grande qu'un simple lancer à bout de bras, même de la part d'un champion de baseball !

Le joueur de baseball Tim Lincecum est renommé pour ses « balles rapides » qui dépassent les 150 km/h.

Mais comment s'explique la force avec laquelle l'arc peut lancer une flèche ? En tirant sur la corde pour bander l'arc, l'archer emmagasine de l'énergie ; cette énergie stockée dans l'arc se nomme énergie potentielle. En relâchant la corde, cette énergie se transforme brusquement en énergie de mouvement (on dit : énergie cinétique). C'est ainsi que la flèche peut être propulsée à grande vitesse.

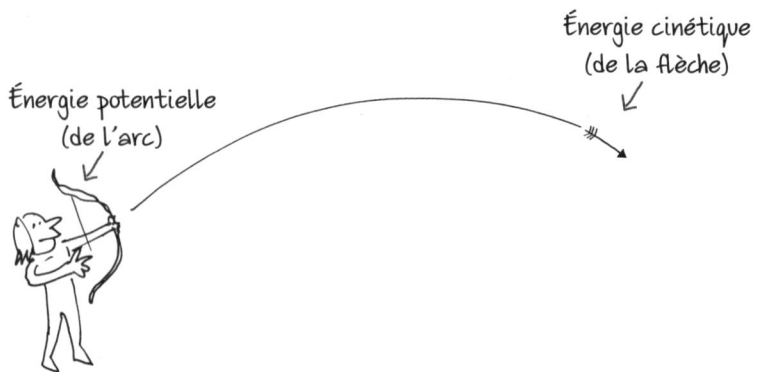

Énergie cinétique
(de la flèche)

Énergie potentielle
(de l'arc)

Plus la taille de l'arc est grande, plus l'énergie stockée est élevée, ainsi que la vitesse de la flèche et la distance qu'elle peut parcourir. Cette arme a été perfectionnée au cours des siècles pour gagner en énergie ou en précision selon les besoins. Les guerriers à cheval constatèrent que les petits arcs légers leur convenaient mieux. Les arbalètes se révélèrent si efficaces qu'elles contribuèrent à vaincre de petites armées ennemies. Les arcs des Anglais, de la taille d'un homme, permirent de battre les chevaliers français en armure à la bataille de Crécy en 1346.

À la bataille de Crécy, les grands arcs de l'armée
anglaise ont contribué à la défaite des Français,
pourtant trois fois plus nombreux.

L'arc et la flèche, en modèle réduit !
EXPÉRIENCE 3

Vous allez fabriquer votre mini-arc et vos flèches, en n'utilisant rien d'autre que des brochettes de bambou et un peu de pâte à modeler ! En essayant des arcs de différentes tailles et divers types de flèches, vous comprendrez l'évolution de ces armes au cours du temps. Le principe scientifique reste identique dans tous les cas : en tirant sur la corde de l'arc, vous déformez l'arc, ce qui lui donne de l'énergie potentielle, en attente d'être libérée. En relâchant la corde, l'énergie emmagasinée dans l'arc devient de l'énergie cinétique, c'est-à-dire de l'énergie de mouvement. Amusez-vous à mesurer les distances parcourues par vos flèches et vérifiez que les arcs les plus grands stockent plus d'énergie potentielle et communiquent donc plus d'énergie cinétique à la flèche.

VOUS AUREZ BESOIN DE :

- UNE PAIRE DE CISEAUX
- QUATRE BROCHETTES DE BAMBOU DE 30 CM (LE TYPE DE BROCHETTES UTILISÉES POUR LES KEBABS)
- COUTEAU POINTU
- PÂTE À MODELER
- 5 ÉLASTIQUES

> **ATTENTION !**
> Ne jamais viser quelqu'un avec un arc ! Malgré leur petite taille, ces arcs peuvent être puissants. Vérifiez qu'il n'y a rien de fragile dans les environs.

1 Coupez avec des ciseaux les pointes des brochettes.

2 Faites une encoche aux deux extrémités de l'une des brochettes, qui servira d'arc.

3 Faites une encoche à un bout d'une seconde brochette, qui sera la flèche.

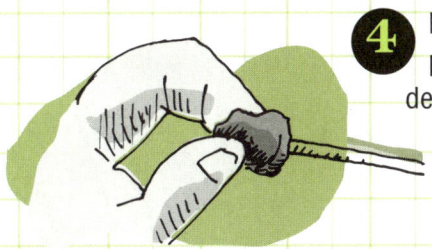

4 Mettez une petite boulette de pâte à modeler à l'autre bout de cette seconde brochette.

5 Nouez ensemble bout à bout trois élastiques.

6 Glissez l'une des extrémités de la chaîne d'élastiques dans une des encoches de l'« arc » et accrochez l'autre bout dans la seconde encoche.

7 L'arc est prêt. Accrochez l'encoche de l'autre brochette au milieu de la chaîne d'élastiques, tirez et relâchez. Mesurez la distance parcourue par la flèche. Notez cette valeur.

8 Faites un autre arc à l'aide d'une brochette plus courte. Faites une chaîne de deux élastiques seulement, afin qu'elle soit plus tendue que la première.

9 En reprenant la même flèche, lancez-la à partir du même endroit et mesurez la nouvelle distance parcourue. Est-elle plus grande ou plus petite ?

La
ROUE SUMÉRIENNE

LA ROUE DU DESTIN

La civilisation de Sumer fut florissante en Mésopotamie entre −3500 et −1900 av. J.-C. (« le pays entre deux fleuves » ; cela correspond à peu près à l'Irak actuel). Cette région, irriguée et enrichie par le Tigre et l'Euphrate, a toujours été idéale pour l'agriculture. La civilisation sumérienne s'y est développée, bénéficiant des progrès scientifiques et techniques.

L'un de ces progrès est devenu si banal que nous n'y pensons même plus quand nous faisons du vélo, quand nous voyageons en voiture ou en train : il s'agit de la roue. Les Sumériens ont d'abord inventé la roue pour réaliser des poteries, destinées à contenir de l'huile ou du grain. La roue du potier

— une plaque tournante sur laquelle est posée l'argile — facilitait grandement cette production. Les Sumériens songèrent probablement à utiliser la roue en position verticale : en plaçant deux roues sous une plateforme, on obtenait un chariot facilitant les transports.

La roue du potier est horizontale, elle tourne parallèlement au sol. De l'argile humide est placée sur son centre. Le potier façonne la masse d'argile tournante entre ses paumes et à l'aide de ses doigts, travaillant en général de l'intérieur vers l'extérieur pour élargir l'ouverture du pot ou en élever les parois.

Avant cela, les paysans transportaient leurs produits au marché ou à la ville sur des plateformes de bois traînées à même le sol par des ânes ou des bœufs. Avec des roues placées sous la plateforme, l'effort à fournir était beaucoup moins grand : il devenait possible de transporter plus rapidement des quantités plus importantes.

Ces détails d'une pierre gravée (vers -2 500 av. J.-C.) découverte au cimetière royal d'Ur montre des chars et des chariots pourvus de roues.

Fabriquer en nombre des poteries parfaitement rondes et transporter des denrées sur un chariot étaient déjà bel et bon, mais l'utilisation de cette invention sur le champ de bataille prit une importance encore plus vitale : la victoire était acquise au camp qui disposait de chars. Vous pouvez sans peine vous imaginer l'effroi des premiers qui virent fondre sur eux tout un bataillon de chariots tirés par des bœufs, dans le fracas des sabots et le grincement des... mais qu'est-ce que c'était, ces choses rondes là-dessous ? Ils ont sans doute péri avant même de trouver une réponse à cette question...

Les premiers chariots sumériens n'avaient certes pas la vitesse de ceux apparus plus tard, tirés par des chevaux (il fallut encore 2 000 années de plus), mais ils avaient cependant la capacité d'amener les guerriers jusqu'aux rangs ennemis, qu'ils pouvaient décimer avec les arcs et les flèches du chapitre précédent : la roue, l'arc et la flèche, voilà sans doute les armes de destruction massive des temps anciens !

LA CAUTION SCIENTIFIQUE

BIEN QUE LES SUMÉRIENS AIENT ÉTÉ LES PREMIERS à découvrir l'usage de la roue, d'autres sociétés y parvinrent indépendamment et plus tardivement. Les archéologues relient cette invention sumérienne à l'importance de la poterie dans cette civilisation. Pour faire un pot, il fallait initialement l'aplatir et le lisser de tous les côtés, jusqu'à ce qu'un artisan sumérien ingénieux ait l'idée de faire tourner l'argile devant ses mains. Il pouvait ainsi travailler sa forme et la rendre lisse de tous côtés, sans avoir à tourner tout autour.

Les plaques de pierre des roues de potier étaient fixées à un axe vertical, dirigé vers le haut. Pourquoi ne pas imaginer un autre astucieux artisan de Sumer (et pourquoi pas le même) ayant l'idée de tourner sa roue sur le côté et de la faire rouler au sol autour de son axe ? À moins que cette découverte ne fût accidentelle, ou bien provienne d'un jeu... Mais quelle que soit l'origine de cette invention, c'est certainement une personne douée d'un esprit scientifique qui imagina l'emploi de deux roues pivotant autour d'un même axe et roulant en restant debout. À partir de cela, une plateforme a été fixée sur l'axe, formant ainsi le premier chariot. On retrouve dans les ruines de Sumer de nombreuses figurations de ces chariots primitifs. Des paysans ont pu ensuite observer qu'une deuxième paire de roues permettait au chariot de supporter commodément une charge plus lourde, tout en roulant plus vite.

roue

axe

LES SIX MACHINES SIMPLES

Vis : plan incliné enroulé autour d'un cylindre.

Levier : barre rigide articulée autour d'un point d'appui.

Plan incliné : surface en pente reliant deux points.

Roue et axe : roue traversée en son centre par un axe.

Poulie : dispositif capable de changer la direction d'une force à l'aide d'une corde ou d'une chaîne enroulée sur une roue.

Coin : objet présentant un angle aigu, utilisé pour couper ou séparer d'autres objets.

La combinaison d'une roue et d'un axe fait partie de six machines simples, qui sont des mécanismes capables de modifier la grandeur ou la direction d'une force. Par exemple, il est possible d'augmenter la force exercée sur une roue pour la faire tourner : il suffit d'utiliser une manivelle. C'est ainsi que l'on pouvait faire remonter de lourds seaux d'eau du fond du puits. D'autre part, une roue qui tourne possède une certaine stabilité due à son mouvement autour de son axe : c'est ce qu'on nomme le « moment cinétique » (on dit aussi « moment angulaire »). Plus la roue tourne vite, plus il est difficile de l'arrêter ou de lui faire changer le plan dans lequel elle tourne, quelle que soit l'orientation de ce plan. C'est le moment cinétique qui assure la stabilité de votre vélo lorsqu'il roule, alors qu'il ne tient pas en équilibre quand il est immobile ou qu'il bouge très lentement. C'est le même principe qui assure la stabilité de la rotation de la Terre, des planètes ou des trous noirs !

La roue et l'axe sumériens
EXPÉRIENCE

Vous comprendrez mieux à l'aide de cette expérience comment la roue et l'axe constituent une machine simple capable de soulever un objet lourd, un seau d'eau dans notre cas. Il faut bien prendre conscience qu'un appareil qui vous paraît familier a pu dans les premiers temps marquer un incroyable progrès. Après avoir réalisé l'expérience, essayez de soulever le seau d'eau d'une main, pour ressentir le travail que la machine a effectué pour vous !

VOUS AUREZ BESOIN DE :

- UN TAILLE-CRAYON MÉCANIQUE DE TABLE

- UN SEAU MUNI D'UNE ANSE, DU GENRE DE CEUX QUE L'ON UTILISE POUR FAIRE DES CHÂTEAUX DE SABLE

- FICELLE

ATTENTION !

Dans cette expérience, il n'y a pas grand risque, à part celui de renverser de l'eau. Il faut donc un peu de pratique pour arriver à soulever le seau sans répandre la moindre goutte !

1 Enlevez le boîtier du taille-crayon.

2 Remplissez aux trois quarts le seau avec de l'eau.

3 Coupez une longueur de ficelle suffisante pour aller de la table jusqu'au sol et attachez une extrémité à l'axe du taille-crayon.

4 Attachez l'autre extrémité à l'anse du seau. Tournez lentement la manivelle du taille-crayon jusqu'à ce que la corde soit bien tendue et continue régulièrement à soulever le seau d'eau au-dessus du sol.

La magie de la roue de vélo sumérienne
EXPÉRIENCE 5

Il s'agit d'une petite démonstration qui n'utilise que la roue avant de votre vélo, un balai et de la ficelle, mais qui illustrera parfaitement la conservation du moment cinétique. Vous pourrez étonner vos amis en la faisant devant eux !

VOUS AUREZ BESOIN DE :

- DEUX FICELLES D'UN MÈTRE DE LONG
- UNE ROUE DE VÉLO (DE PRÉFÉRENCE LA ROUE DE DEVANT D'UN PETIT VÉLO)
- UN BALAI
- DEUX AMIS DE MÊME TAILLE
- UNE PAIRE DE CISEAUX

ATTENTION !

Lorsque la rotation de la roue ralentit, la pesanteur va devenir plus forte que le moment cinétique qui maintient la roue en l'air. Prenez donc garde à ce que la roue n'aille pas en roulant casser quelque chose de fragile. Faites également attention à ne pas vous prendre les doigts dans les rayons de la roue quand elle tourne vite.

1 Prenez l'une des deux ficelles et attachez-en les deux extrémités pour en faire un cercle. Faites de même avec l'autre ficelle. Vous obtenez donc deux ronds de ficelle.

2 Enfilez ces deux boucles sur le manche du balai.

3 Demandez à vos deux amis de porter le balai sur l'épaule. Les deux amis doivent être face à face.

4 Mettez la roue de vélo entre les deux boucles de ficelle. Attachez les ficelles à chaque extrémité de l'axe de telle sorte que la roue soit suspendue au balai.

5 Faites tourner la roue aussi vite que vous le pouvez, tout en la laissant soutenue de part et d'autre par la ficelle.

6 Demandez à vos amis ce qui se passerait si on coupait l'une des ficelles qui tiennent la roue. Le sens commun les amènera à répondre que la roue tomberait.

7 Pendant que la roue tourne, coupez l'une des ficelles.

8 La roue ne tombera pas, mais continuera à tourner sur place, suspendue en l'air, semblant défier la pesanteur.

Aristote affirme que la
TERRE N'EST PAS PLATE !

Y A-T-IL DES DRAGONS ?

Actuellement, même les petits enfants ont appris que la Terre est ronde, un peu comme un ballon. Pour être tout à fait exact, il faut ajouter qu'elle est un tout petit peu aplatie, comme un ballon légèrement comprimé aux pôles Nord et Sud. Mais pour l'essentiel, la surface de la planète est ronde : si vous marchiez tout droit, toujours dans la même direction, vous finiriez par vous retrouver à votre point de départ.

Pourtant, il y a quelques milliers d'années, on ignorait ce simple fait. Les gens croyaient que la surface de la Terre était plate. Ce n'est pas très difficile de comprendre pourquoi : en fait, il n'existe que très peu d'indices révélant que la Terre n'est pas plate.

Cette idée fausse était très largement répandue dans les anciennes civilisations. Les Babyloniens, les Égyptiens, d'autres peuples encore croyaient que la Terre était plate. C'était aussi le cas des premiers savants grecs qui se posèrent la question il y a environ 2 800 ans.

Imaginons-nous vivre dans un monde ayant la crainte de ce qui pourrait se passer si des marins dépassaient l'horizon. La disparition des navires au loin nous paraîtrait la preuve que la Terre a un bord. Nos bateaux prendraient garde de toujours longer les côtes, sans perdre de vue le rivage.

Progressivement, plusieurs grands penseurs en vinrent à conclure que la Terre n'était pas plate mais ronde. Vers –330, le grand savant Aristote remarqua que les voyageurs qui partaient très au sud de sa Grèce natale voyaient les constellations du sud — les groupes d'étoiles apparaissant d'habitude vers l'horizon sud — paraître plus haut dans le ciel. Cela ne se produirait pas si la Terre était plate. Ses observations astronomiques durant des éclipses de Lune montrèrent que l'ombre de la Terre était toujours circulaire, ce qui n'aurait pas été non plus le cas si la Terre était plate. Cela le convainquit que la Terre avait la forme d'une sphère.

Une centaine d'années plus tard, Eratosthène, un grec qui vécut de –276 à –194 av. J.-C., franchit une étape de plus qu'Aristote : il calcula la circonférence de la Terre en notant que les ombres durant le solstice d'été faisaient des angles différents selon le lieu de l'observation. Deux cents ans plus tard encore, Strabon, un géographe grec, comprit que si les marins apercevaient en premier le sommet des montagnes ou des hautes constructions quand ils arrivaient quelque part, c'était du fait de la courbure de la Terre.

En quoi toutes ces belles observations scientifiques pourraient-elles être potentiellement catastrophiques ? Tout dépend des limites que vous vous donnez. L'Antiquité était plus ouverte aux points de vue nouveaux que l'époque de Galilée (pages 72-73) : pour les marins de cette époque, il fallait une bonne dose de courage et des convictions solides pour oser se diriger vers les limites de l'horizon. Durant des siècles, les hommes ont redouté ce qui pouvait se trouver au-delà, vers les bords de la Terre. Au Moyen Âge, les cartes prévenaient : « Ici il y a des dragons », exprimant ainsi les dangers menaçant les marins qui s'aventuraient trop loin des côtes. C'était une manière de prévenir : « Prudence ! Des catastrophes potentielles guettent ceux qui s'imaginent que la Terre est ronde. »

Sur les cartes médiévales, des dragons symbolisent les terres inconnues.

LA CAUTION SCIENTIFIQUE

IL EST FACILE DE COMPRENDRE POURQUOI ON A longtemps cru que la Terre était plate — ou éventuellement ronde, mais à deux dimensions comme un disque — au point que les marins pouvaient craindre de tomber du bord de la Terre s'ils se risquaient à naviguer trop loin. On le comprend en observant l'horizon, cette ligne droite où le ciel rencontre la Terre. C'est bien difficile d'envisager qu'il puisse être courbe, alors qu'on le voit bien droit. La capacité à imaginer que les navigateurs ne couraient pas de risque aussi loin qu'ils aillent est une victoire de l'esprit scientifique. La méthode scientifique implique l'observation, le recueil des résultats, leur interprétation et le partage des conclusions avec d'autres. Parvenir à une idée telle que : « Du calme, vous ne risquez pas de tomber du bord de la Terre » exigeait aussi une bonne dose d'imagination.

Preuve empirique : preuve basée sur une observation directe ou une expérience personnelle plutôt que sur des théories et des prévisions.

Lorsqu'on se figure un scientifique en blouse blanche en train de mélanger on ne sait quels liquides dans des éprouvettes, on saisit assez bien la méthode scientifique mise en œuvre. Il teste ce qu'il a devant lui, il n'a pas à faire usage de son imagination pour voir le résultat de ses essais. Il est bien plus difficile de comprendre ce qui se passe quand tout est théorique, qu'on ne bénéficie pas du luxe de comparer dans son laboratoire l'objet « planète plate » avec l'objet « planète ronde ».

Les Grecs de l'Antiquité devaient rechercher des indices et des preuves autour d'eux. Ils ont observé l'ombre de la Terre passant sur la Lune au cours d'une éclipse, ainsi que la position des étoiles vues de différents points, pour en déduire la forme de notre planète.

Terre ! Hourra !
Je ne suis pas
tombé du bord
de la Terre !

Le gratte-ciel d'Aristote
EXPÉRIENCE 6

Dans cette expérience, vous allez suivre les traces des grands penseurs grecs en testant leurs théories (sur la base de vos propres preuves empiriques) ; vous retrouverez des observations que Strabon avait recueillies il y a environ 2 000 ans. La principale différence réside dans le fait que ces observations étaient faites par des marins embarqués sur des bateaux à voile, alors que vous ferez les vôtres confortablement installés sur le siège arrière d'une voiture. C'est pourquoi il faudra mettre à profit un déplacement vers une ville où existent des immeubles ayant au moins une quinzaine d'étages. Le meilleur moment pour recueillir des données empiriques correspond au départ de cette ville.

VOUS AUREZ BESOIN DE :

- UNE VOITURE AVEC D'AUTRES PERSONNES

- UNE VILLE AVEC DES IMMEUBLES DE GRANDE TAILLE

- UNE ROUTE (DROITE DE PRÉFÉRENCE) S'ÉLOIGNANT DE LA VILLE

ATTENTION !

Cette expérience simple est amusante et instructive à n'importe quel moment. Mais pour un meilleur résultat, choisissez un jour de temps clair pour que l'immeuble apparaisse plus nettement.

1 Choisissez un des plus hauts immeubles de la ville et demandez à d'autres passagers d'en choisir aussi. Demandez au conducteur de noter le kilométrage et de vous prévenir chaque fois que vous aurez parcouru 3 km. Observez bien jusqu'à quel étage vous pouvez voir en quittant la ville.

2 Observez bien la partie de l'immeuble qui reste visible au bout de 3 km, puis de 6 km etc. Vous vous rendrez compte que l'immeuble semble progressivement « s'enfoncer » dans le sol. Naturellement, c'est la courbure de la Terre qui provoque l'illusion de la lente disparition du bâtiment. Lorsque la voiture avance, elle progresse de plus en plus loin sur cette courbure, ce qui dissimule une partie de plus en plus grande de votre immeuble. C'est naturellement le bas de l'immeuble qui se cache en premier. (Vous pouvez réaliser un modèle exagéré de ce phénomène en posant un bloc de jeu de construction sur un ballon de plage et en le regardant au ras de la surface du ballon.)

L'étoile polaire d'Aristote
EXPÉRIENCE 7

Par une claire nuit d'été, restez allongé dehors après le coucher du Soleil et regardez attentivement le ciel. Vous verrez les étoiles décrire très lentement des cercles, toutes, sauf une : l'étoile polaire. Imaginez une ligne droite traversant la Terre, du pôle Sud au pôle Nord. Cette ligne pointerait dans le ciel vers l'étoile polaire. Si vous vous représentez maintenant la Terre tournant autour de cette droite, tout le reste (les étoiles, les planètes) semblerait tourner aussi. Seule l'étoile polaire, qui marque le point autour duquel tout paraît tourner, resterait immobile.

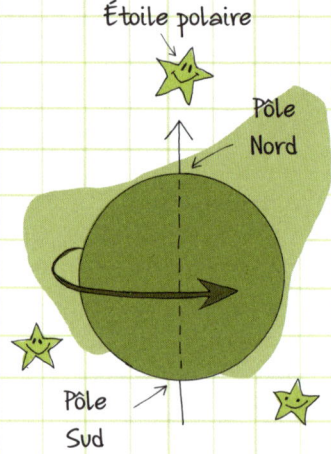

Étoile polaire

Pôle Nord

Pôle Sud

Les marins utilisaient l'étoile polaire pour repérer durant la nuit la direction du Nord. C'est le seul point apparaissant fixe dans le ciel. Vous allez apprendre à trouver vous-même l'étoile polaire.

Vous apprendrez aussi à évaluer la hauteur de l'étoile polaire dans le ciel, et vous pourrez la comparer avec la latitude du lieu où vous vous trouvez. Vous aurez alors une idée de la manière dont les marins utilisaient l'étoile polaire pour se repérer et pour déterminer la direction à prendre.

VOUS AUREZ BESOIN DE :

- UNE CARTE AVEC L'INDICATION DE LA LATITUDE ET DE LA LONGITUDE (OU LES COORDONNÉES GPS DU LIEU)

ATTENTION

Il vous faudra de la patience pour réaliser cette expérience, en particulier si vous vous trouvez en ville (les lumières rendent difficile l'observation des étoiles). Il est préférable aussi que ce ne soit pas en période de pleine Lune !

1 Attendez une demi-heure après le coucher du Soleil et cherchez un endroit dépourvu d'éclairage, avec une vue dégagée sur le ciel.

2 Repérez tout d'abord la constellation de la Grande Ourse, approximativement vers le nord.

3 Les deux étoiles de l'extrémité droite de la Grande Ourse (à l'opposé de la queue) vont vous servir à trouver la direction de l'étoile polaire.

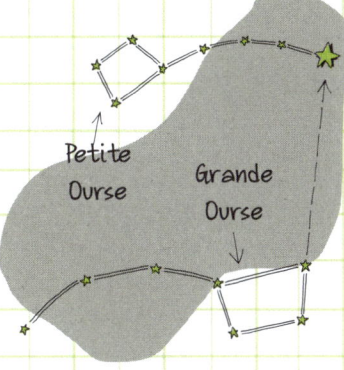

Petite Ourse

Grande Ourse

4 Suivez la ligne droite imaginaire passant par ces deux étoiles, en partant de l'étoile la plus basse. Vous arriverez à une étoile qui se trouve au bout de la queue de la Petite Ourse : c'est l'étoile polaire.

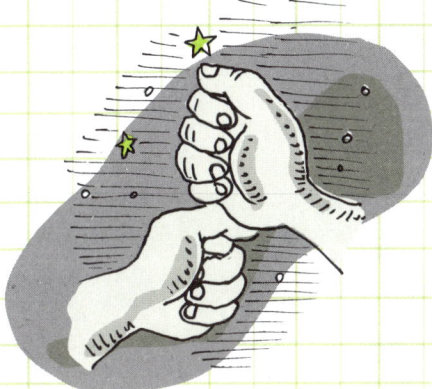

5 Mettez vos deux poings l'un sur l'autre, les pouces sur le dessus. Tendez les bras. Chaque poing couvre à peu près un angle de 10 degrés dans le ciel.

6 Le bas de l'un de vos poings doit être au niveau de l'horizon. (Si l'horizon est caché par des arbres ou des bâtiments, il faudra le repérer approximativement).

7 Posez l'autre poing sur le premier et ainsi de suite, jusqu'à atteindre la hauteur de l'étoile polaire. Combien de fois avez-vous dû mettre un poing sur l'autre ? Multipliez ce nombre par 10 et vous aurez ainsi la hauteur de l'étoile polaire.

8 Le résultat obtenu devrait être voisin de la latitude du lieu où vous vous trouvez.

Zhang Heng et
LE SISMOMÈTRE

PHOTOGRAPHIER UN TREMBLEMENT DE TERRE

Des textes très anciens relatent de terribles tremblements de terre en Chine. Il n'est donc pas surprenant que les savants chinois aient cherché à prévoir les séismes et leur localisation probable.

L'un de ces savants vivait il y a environ 1 900 ans. Zhang Heng était un brillant érudit, tout à la fois écrivain, artiste, géographe, mathématicien, inventeur et ingénieur. Il vivait à une époque où la science et la technologie chinoises étaient les plus avancées au monde. Cependant, en ce temps-là, les principales préoccupations de la Chine étaient liées aux menaces politiques intérieures, ainsi qu'aux attaques militaires extérieures. L'empereur de Chine avait bien sûr de grands pouvoirs, mais qui dépendaient de la sécurité qu'il était en mesure d'assurer à ses sujets.

Zhang Heng fut affecté durant plusieurs années à la cour impériale, au cœur même de l'empire. L'empereur lui avait assigné la tâche de prévoir les zones où les tremblements de terre risquaient de frapper, afin d'y acheminer des secours aussi tôt que possible. En 132, Zhang Heng se présenta à la cour avec une lourde urne de bronze décorée. Elle portait une inscription très élaborée : « Instrument destiné à la mesure des vents saisonniers et des mouvements de la Terre ». Ce fut la partie concernant les mouvements terrestres qui retint le plus l'attention. Zhang Heng avait fabriqué un appareil capable d'indiquer qu'un séisme s'était produit, même si personne, à la cour impériale, n'avait ressenti la moindre vibration. Un tremblement de terre délogerait une boule métallique qui tomberait dans l'urne, où elle serait guidée vers l'un des huit crapauds de métal disposés à la base. Ces huit crapauds correspondaient à huit directions. Si son invention fonctionnait, Zhang Heng offrait à l'empereur l'indication dont il avait besoin pour envoyer des secours.

Un pays ou un empire aussi vaste que la Chine doit toujours être en alerte pour se protéger contre toute invasion étrangère ou tout désastre intérieur. La Grande Muraille, commencée il y a plus de 2 000 ans et s'étendant sur près de 9 000 km, était un énorme projet de défense contre l'invasion. Le sismomètre de Zhang Heng était destiné à faire face aux désastres naturels dans les régions reculées de la Chine.

Sinon, ses nombreux rivaux n'auraient pas manqué de l'envoyer au châtiment, peut-être à la mort.

L'appareil permit de localiser correctement le fort séisme de Jincheng-Longxi du 28 février 138. Malheureusement, Zhang Heng mourut l'année suivante, emportant dans la tombe le secret du *pourquoi* et du *comment* de son sismomètre. Bien que les scientifiques actuels disposent d'instruments de très haute sensibilité, capables de mesurer l'intensité et la localisation d'un séisme, ils ne sont pas en mesure de prévoir un tremblement de terre. Les ingénieurs chinois qui ont construit des modèles du sismomètre de Zhang Heng parviendront-ils à trouver un jour le moyen de prédire un séisme, et d'en éviter les conséquences catastrophiques ?

Cette reconstitution du sismomètre de Zhang Heng n'a pas permis de comprendre le fonctionnement de l'appareil original, qui demeure un mystère aujourd'hui.

LA CAUTION SCIENTIFIQUE

NOUS DISPOSONS DES ÉLÉMENTS PERMETTANT d'affirmer que ce sismomètre a correctement localisé un séisme en 138, mais toutes nos connaissances dans le domaine démontrent que ce bon résultat était basé sur des idées fausses ! Son inventeur imaginait que les séismes étaient liés aux vents.

Nous savons à présent que les tremblements de terre et les éruptions volcaniques sont des conséquences des mouvements de la croûte terrestre, ou « tectonique des plaques ». La Terre est constituée de quatre couches : croûte, manteau, noyau externe, noyau interne. Les sols sur lesquels nous nous déplaçons, de même que le fond des océans, sont la fine couche externe de la croûte, appelée lithosphère. Elle n'est épaisse que d'une dizaine à une cinquantaine de kilomètres. C'est là que prennent naissance les séismes. En effet, cette couche n'est pas d'un seul tenant, elle est craquelée, un peu comme une coquille d'œuf dur ayant reçu des chocs.

Les sismologues sont des scientifiques spécialisés dans les tremblements de terre. Ils utilisent des instruments de haute sensibilité, les **sismomètres,** qui captent les mouvements du sol, et les **sismographes,** qui en donnent des représentations graphiques. La racine commune de ces mots est « *seismos* » qui signifie en grec « tremblement de terre ».

Une telle coquille tient encore en place mais elle est faite de morceaux de taille variable emboîtés comme les pièces d'un puzzle. Ces morceaux de la croûte terrestre sont appelés des plaques. Les limites entre ces plaques sont des failles. Parfois les plaques demeurent immobiles, parfois au contraire elles se heurtent ou se frottent durement l'une contre l'autre. Le mot « tectonique » se réfère à ces mouvements, qui peuvent engendrer des microséismes (ou *trémors*), que seuls les sismomètres de haute sensibilité peuvent détecter, ou des tremblements de terre destructeurs.

Les couches internes de la Terre

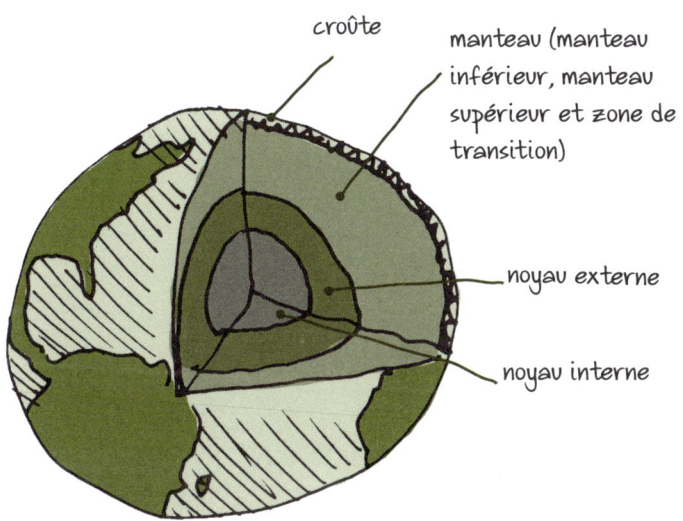

croûte

manteau (manteau inférieur, manteau supérieur et zone de transition)

noyau externe

noyau interne

Géologie : science de la Terre, de son origine, de son histoire, de sa structure et de sa composition. Elle étudie les roches, les sols, les reliefs, les fossiles.

EXPÉRIENCE 8

Un séisme dans de la gelée

Vous allez réaliser un modèle de tectonique des plaques en utilisant un dessert de gélatine ! En effet, vous allez pouvoir y provoquer et observer des vibrations, analogues à celles qui se produisent dans le magma (roche en fusion sous la croûte terrestre). Vous observerez comment se forment les vibrations, jusqu'à simuler un mini-tremblement de terre dans la gelée contenue dans un plat ! Vous verrez se former des failles et observerez des plaques de gélatine se séparant le long de ces lignes de fragilité.

VOUS AUREZ BESOIN DE :

- UN MOULE À GÂTEAUX DE 20 CM SUR 20 CM
- DU PAPIER PARAFFINÉ
- 4 PETITS SACHETS (OU 2 GRANDS) DE GÉLATINE POUR DESSERT
- UN SALADIER DE DEUX LITRES
- UN VERRE DOSEUR D'UN QUART DE LITRE
- UN COUTEAU À BEURRE

ATTENTION !

La préparation de la gelée doit être réalisée la veille. Vous devriez confier cette tâche préliminaire à un adulte, qui sera rassuré de ne pas vous voir manipuler de l'eau bouillante !

(Réaliser les étapes 1, 2 et 3 la veille de l'expérience).

1 Tapissez le moule à gâteaux de papier paraffiné en le laissant dépasser de 3 ou 4 cm.

2 Versez la quantité indiquée d'eau bouillante dans le saladier contenant la gélatine et mélanger.

3 Versez le mélange sur le moule recouvert de papier paraffiné et mettez au réfrigérateur durant 24 heures.

4 Retirez la gelée du moule en la soulevant par le papier qui dépasse ; déposez-la directement sur une table ou sur un plan de travail, le papier étant vers le haut. Détachez le papier paraffiné, en glissant au besoin un couteau à beurre entre la gelée et le papier.

5 Mouillez le couteau à beurre et coupez la gelée en deux morceaux.

6 Faites glisser lentement l'un des deux morceaux contre l'autre : la limite entre les deux figurera une faille à la surface de la Terre.

7 Voyez comme le frottement entre les deux plaques de gelée s'accentue durant le glissement, jusqu'à provoquer des trémors et peut-être même un séisme dans la gélatine !

La POUDRE À CANON

LA PREMIÈRE THÉORIE DU BIG BANG

I l est bien difficile de s'imaginer qu'une invention ayant provoqué autant de morts que la poudre à canon ait été l'œuvre de sorciers en quête du secret de l'immortalité. Et pourtant, des personnages semblant tout droit sortis des pages d'*Harry Potter*, se livraient il y a bien longtemps en Chine à d'ardentes recherches, concoctant d'étranges mixtures et en attendant des merveilles !

Ces savants-sorciers étaient des alchimistes, qui s'adonnaient à l'alchimie. Les alchimistes européens sont bien connus : ils cherchaient par exemple à transformer du plomb en or. Les alchimistes chinois n'auraient sans doute pas été fâchés de voir apparaître de l'or dans un petit nuage de fumée, mais leur rêve était bien différent : trouver un moyen d'échapper à la mort. Malheureusement, leurs efforts n'ont abouti qu'à découvrir une manière de causer instantanément de nombreuses morts…

Les Chinois sont connus depuis toujours pour leur patience. Ne trouve-t-on pas, dans les magasins d'alimentation, des œufs durs conservés plusieurs mois dans de la chaux, nommés « œufs de cent ans » ? Les alchimistes chinois étaient certainement patients : on peut bien attendre un peu, si c'est pour accéder à l'immortalité… Ils mélangeaient leurs ingrédients dans de grands récipients, puis les laissaient reposer une cinquantaine d'années avant d'observer le résultat.

À notre connaissance, nul n'a découvert le secret de la vie éternelle. Mais vers 850, les Chinois découvrirent que l'un de leurs mélanges brûlait très rapidement, et était même capable d'exploser, en donnant des couleurs éclatantes… Ils avaient inventé la poudre à canon.

Cette poudre primitive était un explosif bien moins puissant que ceux que nous connaissons aujourd'hui, mais elle émettait de très beaux éclairs et des gerbes d'étincelles colorées : voilà l'origine des feux d'artifices, que nous admirons tous aujourd'hui ! Puis, assez rapidement, ces savants réalisèrent qu'ils

À l'intérieur des feux d'artifices actuels, on retrouve la plupart des ingrédients de la première poudre chinoise.

Cette fontaine figurant un dragon
représente un ancien canon chinois.

pouvaient améliorer leur formule pour fabriquer des fusées ; on pouvait dès lors lancer les feux d'artifice dans le ciel. Mais une catastrophe guettait en arrière-plan : si on pouvait expédier des fusées dans le ciel, on pouvait aussi les envoyer sur des gens ! Les canons apparurent peu après les premiers feux d'artifice. Malheureusement, les bombes devinrent de plus en plus grosses et puissantes.

LA CAUTION SCIENTIFIQUE

IL EST VRAI QUE LES ALCHIMISTES CHINOIS QUI ONT inventé la poudre pratiquaient la magie. Pourtant, certaines de leurs méthodes étaient à proprement parler scientifiques. L'une des caractéristiques les plus importantes de la « méthode scientifique » consiste à observer attentivement les expériences et à tout noter systématiquement. Pour chacune de leurs recherches sur l'« immortalité », ils tenaient la liste des ingrédients employés. Très souvent, ces expériences ne donnaient rien, si ce n'est d'infimes variations dans les mélanges, sans effet particulier.

Mais ces mêmes alchimistes tombèrent un jour sur une mine (si l'on peut dire) avec l'une de leurs recettes : charbon de bois, soufre, salpêtre. Le premier composant apporte du carbone. Le second était bien connu des médecins chinois ; on trouve du soufre natif dans certaines parties de la Chine, et 2 000 ans auparavant, on savait déjà l'extraire de ses composés. Le troisième, le nitrate de potassium, communément appelé salpêtre, est en un sens le constituant essentiel de la poudre. Comme le soufre, il existe en Chine à l'état natif, et les

Les feux d'artifice sont un excellent exemple de combustion contrôlée. Les fabricants séparent soigneusement le combustible (la poudre) et les oxydants (produits chimiques secs qui libèreront l'oxygène nécessaire à la combustion). Il faut en effet que la réaction ne commence pas trop tôt ni trop fort. De cette manière, au lieu d'une explosion ne durant qu'une fraction de seconde, on assiste durant plusieurs secondes à l'émission de diverses couleurs.

Une formule explosive

charbon soufre salpêtre   oxygène

savants chinois l'utilisaient pour extraire des métaux de valeur à partir de divers minerais.

Lorsque les chercheurs étudient un nouveau matériau, l'un des essais les plus fréquents consiste à tester s'il est inflammable. Quand un corps brûle, on dit qu'il subit une combustion : c'est une réaction chimique de combinaison avec l'oxygène. La combustion peut être lente, ou bien vive, dégageant de l'énergie sous forme de chaleur et de lumière. Dans le cas de la poudre, le dégagement d'énergie est si brusque qu'une explosion se produit. Le mélange carbone-soufre-salpêtre se combine avec l'oxygène si rapidement que la chaleur dégagée enflamme brusquement l'ensemble du mélange.

Un feu d'artifice au ralenti
EXPÉRIENCE 9

Les feux d'artifices présentent deux grands attraits, leurs BOUMS stupéfiants et leurs magnifiques couleurs. Mais cela ne dure qu'une fraction de seconde et il ne reste plus qu'à tenter de se souvenir de quoi cela avait l'air. Dans cette expérience, c'est au ralenti que vous pourrez observer l'évolution de la couleur au cours d'une combustion. Vous utiliserez en effet une réaction d'oxydation (réaction chimique impliquant l'oxygène) qui ne dégagera pas une chaleur de plusieurs centaines de degrés, comme c'est le cas de la combustion d'une fusée de feu d'artifices. Vous observerez en effet le processus de rouille, l'une des formes les plus lentes d'oxydation, au cours de laquelle la température ne monte guère de plus d'un degré.

Cette expérience porte donc sur la rouille, une forme particulière d'oxydation. Le phénomène serait trop long pour être observé, s'il n'était lui-même accéléré par l'action d'un acide, le vinaigre, qui élimine la couche protectrice de la surface d'un tampon de paille de fer (de la « laine d'acier » utilisée pour récurer les casseroles). Vous assisterez donc à l'action de l'oxygène sur le fer, ce qui est un processus chimique analogue à la combustion de la poudre.

ATTENTION !

Prenez bien garde à ne pas recevoir de vinaigre dans les yeux. Après l'expérience, jetez la laine d'acier employée ; rincez le bocal et le bol avant de les mettre au lave-vaisselle. Utilisez un thermomètre en verre, comme ceux que l'on trouve dans le commerce ou sur les sites scientifiques.

VOUS AUREZ BESOIN DE :

- **UN BOCAL EN VERRE (ENVIRON 400 ML) AVEC COUVERCLE VISSANT**

- **UN THERMOMÈTRE À ALCOOL**
(du type employé dans les cours et les travaux pratiques de science ; ils sont en verre et ressemblent aux anciens thermomètres à mercure, mais ils contiennent de l'alcool.)

- **VINAIGRE**

- **LAINE D'ACIER**

- **UNE TASSE OU UN BOL**

1 Placez le thermomètre à l'intérieur du bocal et refermez le couvercle.

2 Après 10 minutes, retirez le thermomètre et notez la température.

3 Remplissez à moitié le bol avec le vinaigre et laissez la laine d'acier s'imbiber durant une minute.

4 Enroulez la laine d'acier autour de l'ampoule qui est à la base du thermomètre, mettez le tout dans le bocal et refermez le couvercle.

5 Répétez l'étape 2 et comparez les deux températures obtenues.

Regiomontanus et son
ÉCLIPSE DE LUNE

COMMENT CHRISTOPHE COLOMB ÉCHAPPA À UN MASSACRE EN JAMAÏQUE

La découverte du continent américain par Christophe Colomb en 1492 est bien connue. Ce qui l'est moins, c'est que l'explorateur fit trois autres voyages vers le Nouveau Monde durant les douze années suivantes. Mais aucun de ces voyages ne fut autant couronné de succès que le premier. Durant le dernier, Colomb ne sauva sa vie et celle de son équipage que grâce à ses connaissances scientifiques — et celles d'un astronome allemand du nom de Regiomontanus.

Christophe Colomb et ses marins avaient fait voile le long de la côte d'Amérique Centrale et en direction de plusieurs îles des Caraïbes au début de cette mission. En 1503, son bateau avait été endommagé par de fortes tempêtes, et la coque avait été percée par des tarets (mollusques causant de gros dégâts dans le bois) ; il dut faire escale à la baie de Saint-Ann en Jamaïque. Colomb et son équipage étaient saufs, mais ils étaient bloqués sur place.

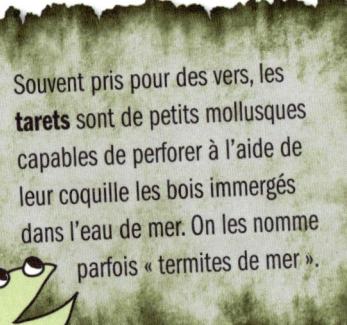

Souvent pris pour des vers, les **tarets** sont de petits mollusques capables de perforer à l'aide de leur coquille les bois immergés dans l'eau de mer. On les nomme parfois « termites de mer ».

Les autochtones (les Indiens Taino) se montrèrent tout d'abord hospitaliers à l'égard des Européens, en leur procurant abri et nourriture. Malheureusement, les hommes de Colomb abusèrent de leur bonne volonté et firent preuve de cruauté envers eux. Les Taino devinrent donc hostiles et menacèrent de les tuer. Colomb devait trouver un moyen de changer leur attitude, en attendant de recevoir secours et renfort de la part des Espagnols.

Le 26 février 1504, il tint conférence avec certains des chefs Taino et leur annonça que le Dieu des Chrétiens était irrité par l'hostilité des Indiens. Il le prouverait en faisant disparaître la pleine Lune au coucher du Soleil. Cette annonce les fit d'abord rire, mais trois jours après, ils s'assemblèrent pour observer le lever de Lune. Or voici qu'elle commença par changer de couleur (ce qui était une autre des prédictions de Christophe Colomb), puis sembla progressivement être grignotée. Terrifiés, les chefs indiens demandèrent à Colomb d'intercéder auprès de son Dieu. Il accepta, à condition de recevoir leur aide. Il s'éloigna un court moment, puis annonça

Christophe Colomb salue les natifs
de la Jamaïque en 1503.

qu'ils étaient pardonnés. De fait, quarante minutes
plus tard, la Lune grandit à nouveau et se retrouva
pleine comme auparavant.

Reconnaissants, les Taino continuèrent à fournir des
vivres à Colomb et à son équipage, jusqu'à ce qu'un
navire espagnol vienne à leur secours quatre mois
plus tard.

LA CAUTION SCIENTIFIQUE

CE QUE COLOMB AVAIT PRÉVU — JUSTE À TEMPS — était une éclipse de Lune. Comme bien des navigateurs de son temps, Christophe Colomb disposait d'un exemplaire, souvent consulté, de l'almanach publié par l'astronome allemand Regiomontanus. Cet ouvrage décrivait en détail les mouvements du Soleil, de la Lune et des planètes, de 1475 à 1506. En particulier, il prévoyait les dates des éclipses solaires et lunaires.

Conscient du danger qui le menaçait, cherchant comment y échapper, Colomb a dû se jeter sur ce livre. On peut imaginer son bonheur en découvrant qu'en 1504, à peu de jours de là, une éclipse allait se produire, lui donnant l'occasion d'impressionner les chefs Taino !

Les éclipses sont des événements liés aux mouvements et à la lumière. Une éclipse solaire se produit quand la Lune, vue de la Terre, passe devant le Soleil. Certaines fois, elle ne cache le Soleil qu'en partie, c'est une éclipse partielle. Une éclipse totale est bien plus rare ; elle est d'autant plus frappante que la taille apparente de la Lune est la même que

Regiomontanus (Johannes Müller von Königsberg).
(Geb. 6. Juni 1436, gest. 6. Juli 1476.)

Portrait de Johannes Müller von Königsberg, plus connu comme Regiomontanus, dont la mort à 40 ans reste une énigme : est-il mort de la peste ou bien assassiné ? Existe-t-il un lien entre ses découvertes scientifiques et sa mort ?

celle du Soleil : le Soleil est 400 fois plus grand, mais 400 fois plus éloigné. De la même façon, vous savez parfaitement qu'à bout de bras, votre pouce suffit à cacher un arbre bien que celui-ci soit beaucoup plus grand…

Les éclipses lunaires, telle que celle prévue par Regiomontanus, se produisent lorsque la Terre empêche la lumière du Soleil d'atteindre la pleine Lune. Ces éclipses sont non seulement plus fréquentes que les éclipses solaires, mais de plus elles sont visibles en même temps de toute la Terre (seule une zone très réduite de la surface terrestre est concernée par une éclipse de Soleil). Comme les trajectoires vues depuis la Terre du Soleil et de la Lune étaient connues et calculables, de valeureux observateurs tels que Regiomontanus ont été à même de déterminer les conditions d'apparition des éclipses et donc de les prévoir des dizaines d'années ou même des siècles à l'avance.

L'éclipse lunaire de Regiomontanus sur une orange !
EXPÉRIENCE 10

Il vaut mieux réaliser cette expérience dans une chambre bien obscurcie. Les phases de la Lune correspondent à la zone de la surface lunaire éclairée par le Soleil. La Lune fait le tour de la Terre en 27,3 jours. Lorsque sur son orbite, elle se trouve au plus près du Soleil, on ne voit de la Terre que le côté non éclairé, c'est la Nouvelle Lune. À peu près une semaine plus tard, la moitié de sa surface est éclairée (Premier Quartier). Une semaine plus tard à nouveau, toute la surface est éclairée (Pleine Lune). Une semaine environ après, c'est le Dernier Quartier. Compte tenu du déplacement de la Terre autour du Soleil, la Nouvelle Lune est à nouveau visible au bout de 29,5 jours. Il arrive que, pendant la phase de Pleine Lune, l'ombre de la Terre se projette sur la Lune, se produit alors une éclipse lunaire.

VOUS AUREZ BESOIN DE :

- **UNE BELLE ORANGE BIEN RONDE**
- **UN CRAYON**
- **UNE LAMPE DE CHEVET**

ATTENTION !

Ne vous piquez pas la main en enfonçant le crayon dans l'orange. Quand vous aurez terminé la démonstration, rallumez les autres lumières, ou bien ouvrez les rideaux s'il fait jour. Éteignez maintenant la lampe, mais ne la touchez surtout pas avant de l'avoir laissée refroidir pendant au moins une dizaine de minutes.

1 Plantez un crayon au sommet d'une orange, afin de la tenir comme une pomme d'amour.

2 Disposez la lampe au milieu de la pièce.

3 Enlevez l'abat-jour, afin que l'ampoule soit visible.

4 Éteignez toutes les autres lumières et allumez la lampe.

5 Commencez en dirigeant le bras qui porte l'orange vers la lampe. Vous ne verrez que la face de l'orange qui se trouve dans l'ombre (Nouvelle Lune).

6 Effectuez un quart de tour dans le sens contraire des aiguilles d'une montre (vers la gauche), tout en gardant le bras tendu. Ce sera la phase du Premier Quartier.

7 Faites un autre quart de tour dans le sens contraire des aiguilles d'une montre, en évitant que l'ombre de votre tête ne tombe sur l'orange. Celle-ci est donc pleinement exposée à la lumière : Pleine Lune.

8 Continuez de manière à boucler un cercle complet, en observant toutes les phases, y compris les phases gibbeuses (intermédiaires) et les croissants.

9 Pour visualiser une éclipse de Lune sur votre orange, revenez à la phase de Pleine Lune, et cette fois arrangez-vous, en élevant plus ou moins le bras qui tient l'orange, pour que l'ombre de la Terre (votre tête !) couvre tout ou partie de l'orange. Voilà l'éclipse de Lune !

La lunette de GALILÉE

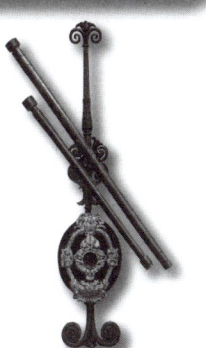

LA PHYSIQUE SE HEURTE AU POUVOIR DE L'INQUISITION

D e temps à autre, il arrive qu'un individu impose une vision renouvelée du monde. Il peut s'agir d'un artiste, tel que Pablo Picasso, ou d'une femme courageuse comme Rosa Parks, qui lança en 1955 aux États-Unis un mouvement victorieux contre la ségrégation raciale. La science également a progressé grâce à des personnalités hors du commun, telles que Galilée (1564-1642). Empruntons à l'un de nos héros scientifiques actuels, Stephen Hawking, l'éloge suivant : « C'est à Galilée, sans doute plus qu'à quiconque, que l'on doit la naissance de la science moderne ».

Qu'est-ce qui justifie ce jugement porté sur Galilée ? Fondamentalement, Galilée a été

Giordano Bruno (1548-1600) était un savant italien qui alla au-delà des idées coperniciennes, affirmant que le Soleil n'était que l'un des innombrables corps célestes se déplaçant dans l'Univers. L'Église catholique le condamna pour hérésie et il fut brûlé sur le bûcher.

Hérésie : le fait de soutenir des opinions contraires à celles d'une religion établie.

un pionnier de la méthode scientifique (voir page 38). Au lieu de se contenter de vagues idées sur le fonctionnement du monde, Galilée mena des centaines d'expériences. Il en observait les effets avec soin, et les recommençait à de nombreuses reprises jusqu'à ce qu'il parvienne à en tirer des conclusions. C'est ainsi qu'il formula ses théories sur le mouvement des corps et sur les forces qui influent sur leurs déplacements. En 1608, Galilée fut mis au courant de l'existence d'une nouvelle invention, la longue-vue ou lunette. Il s'attacha à perfectionner cet instrument primitif et dès 1609 il l'utilisa pour ses propres observations.

Le 7 janvier 1610, Galilée observait la Lune. Puis avant d'aller dormir, il tourna sa lunette vers Jupiter. Il nota la présence de trois petites étoiles alignées au voisinage de cette planète. La nuit suivante, les trois étoiles se trouvaient de l'autre côté de la planète. La troisième nuit, les étoiles présentaient encore une nouvelle disposition, comprenant cette fois une quatrième étoile. Galilée nota avec soin leurs positions et ne tarda pas à conclure qu'il s'agissait de lunes, tournant autour de Jupiter comme la Lune tourne autour de la Terre. L'observation par Galilée de systèmes planétaires à l'intérieur même du système solaire amena Galilée à déduire que la Terre elle-même tournait autour du Soleil.

Une telle hypothèse était considérée comme une hérésie par l'Église catholique. Selon l'Église, tout dans le monde faisait partie du plan divin révélé dans la Bible et dans la doctrine. L'Église était puissante en Europe, tout particulièrement en Italie. Or, ses fondations même étaient menacées si on osait affirmer que la Terre n'était pas le centre de l'Univers. Cette idée, d'abord proposée par Copernic, un astronome polonais, entrait directement en contradiction avec l'affirmation biblique que le Soleil tournait autour de la Terre. Si la doctrine était mise en échec par Galilée, toutes les vérités révélées risquaient de l'être à leur tour. Il était nécessaire d'interrompre la diffusion des idées de Galilée.

Il reçut d'abord un avertissement en 1616, lui interdisant de publier des idées inspirées par la théorie de Copernic, mais lui accordant la liberté d'en discuter. Cependant, durant les seize années suivantes, il développa plus complètement ses idées. Bravant les conséquences potentiellement catastrophiques qui pouvaient advenir (lire dans l'encadré p. 70, le sort de Giordano Bruno, un autre scientifique qui osa s'opposer à l'Église), il publia ses découvertes scientifiques en 1632. Il fut arrêté l'année suivante. Il avait alors 68 ans. Sous la menace de la torture, Galilée fut contraint de renoncer publiquement à ses thèses, avant d'être condamné à être emprisonné. Finalement, cette peine fut commuée en « rétention à domicile ». Il vécut ses dernières années dans sa villa de Florence, devint aveugle à la suite d'une infection, et mourut en 1642.

La légende veut que Galilée ait murmuré dans sa barbe « *Eppur si muove* » (« et pourtant elle tourne »), immédiatement après avoir reconnu en 1633 que la Terre ne tournait pas autour du Soleil.

LA CAUTION SCIENTIFIQUE

LES TRAVAUX DE GALILÉE ÉTAIENT FONDAMENTA-lement une brillante combinaison d'observations scientifiques et de mathématiques. C'est en cela qu'il peut être considéré comme le père de la physique moderne. Il effectua des expériences sur le mouvement des corps — par exemple au cours de leur chute ou après avoir été lancés — et il en déduisit des lois ayant une forme mathématique. Il remarqua que l'accélération (l'accroissement de vitesse) des objets ne dépend pas de leur masse, et il observa comment la pesanteur affectait la trajectoire des objets en mouvement. Il réalisa patiemment des essais et les répéta à plusieurs reprises avant d'obtenir des conclusions qui ont fait évoluer nos connaissances sur le monde. Il eut également le talent de présenter ses résultats de manière claire et compréhensible pour tous, même si cela n'eut pour conséquence que le procès que lui intenta l'Église. Il se montra aussi

un habile artisan, capable de transformer une rustique longue-vue en lunette astronomique précise qui permit des découvertes merveilleuses.

En employant différents types de lentilles, Galilée se rendit compte que le grossissement était proportionnel au rapport de la puissance des deux lentilles de la lunette. Pour obtenir le grossissement maximum, il combina une lentille convexe de faible puissance à l'extrémité avec une lentille concave de forte puissance dans l'oculaire. Comme à cette époque, les opticiens ne fabriquaient pas les lentilles dont il avait besoin, Galilée apprit rapidement à polir ses propres lentilles.

lentille convexe   lentille concave

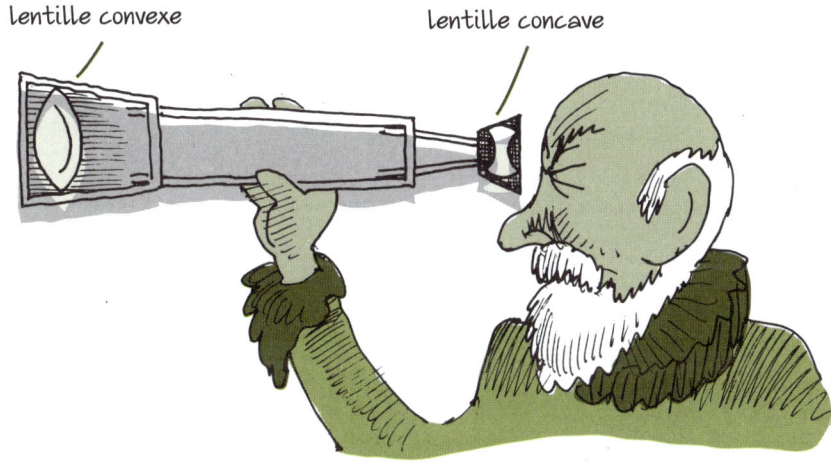

Utilisant sa lunette pour observer Jupiter, Galilée consacra quatre semaines à analyser ce qu'il avait vu à travers les lentilles qu'il avait lui-même polies. Chaque nuit il dessinait ce qu'il observait, en particulier ce qui semblait être un groupe de quatre étoiles se déplaçant au voisinage de la planète. Il conclut qu'il s'agissait de lunes de Jupiter, les « quatre satellites galiléens ».

Une lunette astronomique « faite maison »
EXPÉRIENCE 11

Galilée fit preuve d'une remarquable compréhension de l'optique, la science qui décrit en particulier le parcours des rayons lumineux à travers les lentilles ; c'est grâce à cela qu'il parvint à construire en 1609 sa propre lunette. Vous pourrez à votre tour comprendre son fonctionnement tout en réalisant la vôtre. Tout comme Galilée, vous pourrez utiliser cet instrument pour observer les mouvements des objets célestes. Les orbites des satellites, qu'il s'agisse de la Lune ou de ceux qui gravitent autour des autres planètes, obéissent aux lois du moment cinétique, qui régissent aussi la rotation d'une roue de vélo.

VOUS AUREZ BESOIN DE :

- **DEUX TUBES EN CARTON, DU TYPE DE CEUX QUI SE TROUVENT DANS LES ROULEAUX DE PAPIER TOILETTE**

- **UN CRAYON**

- **UNE PAIRE DE CISEAUX**

- **RUBAN ADHÉSIF FORT**

- **UNE PETITE LOUPE DE POCHE (AYANT UNE LENTILLE CIRCULAIRE, NON RECTANGULAIRE)**

- **UNE LOUPE (DE DIAMÈTRE ADAPTÉ À CELUI DES TUBES EN CARTON)**

- **UN COUTEAU**

ATTENTION !

Il est important que les deux lentilles soient parallèles et bien fixées. Soyez patient et réalisez le montage à l'aide de ruban adhésif fort. Ne regardez jamais le Soleil à travers la lunette. Le grossissement obtenu à l'aide de cet instrument dépend de la différence de taille entre la petite et la grande lentille. S'il est insuffisant pour observer les satellites de Jupiter, il devrait au moins permettre d'observer de nombreux cratères et des « mers » de la Lune, en particulier au bord de l'ombre.

1 À l'aide de la règle et du crayon, tracez une ligne droite le long d'un des tubes en carton. Coupez ensuite avec les ciseaux en suivant cette ligne.

2 Rabattez un bord du tube en carton coupé sur l'autre bord en le recouvrant sur environ 5 mm, de sorte qu'il puisse former un tube de diamètre un peu plus faible. Consolidez-le sur sa longueur avec du ruban adhésif fort. Ce tube devrait maintenant pouvoir glisser à l'intérieur de l'autre, tout en étant bien serré. Le retirer et poser les deux tubes sur une table.

3 Séparez les lentilles des loupes de leurs manches.

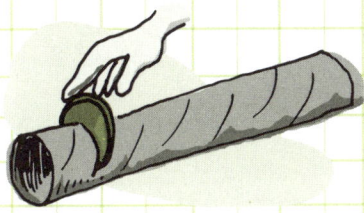

4 À l'aide du couteau, pratiquez une fente à environ 2 cm d'un bout du tube le plus large. Cette fente doit être parallèle à l'extrémité du tube et assez large pour qu'on puisse y glisser la lentille de la loupe.

5 Faites une fente analogue à 2 cm de l'extrémité du tube étroit, de dimension adaptée à la lentille de la loupe de poche.

6 Insérez chaque lentille dans son emplacement et fixez la partie qui dépasse à la surface externe de chaque tube, à l'aide du ruban adhésif.

7 Glissez le tube étroit dans l'autre tube de sorte que les deux lentilles soient placées aux deux bouts opposés.

8 Portez cette lunette à hauteur de l'œil et regardez un objet éloigné par la petite lentille. Glissez le tube vers l'avant ou vers l'arrière jusqu'à obtenir une image nette.

Les satellites galiléens de Jupiter
EXPÉRIENCE 12

Dans cette expérience, il s'agit d'observer les quatre lunes de Jupiter découvertes par Galilée, soit à l'aide de votre télescope « fait maison », soit d'une paire de jumelles. Les scientifiques qui utilisent à cet effet des instruments plus puissants parlent plus volontiers de « satellites » plutôt que de « lunes ». Ce sont effectivement des satellites, mais naturels et non artificiels comme les satellites de télévision.

VOUS AUREZ BESOIN DE :

- VOTRE LUNETTE, RÉALISÉE DANS L'EXPÉRIENCE PRÉCÉDENTE, OU BIEN UNE PAIRE DE JUMELLES.

- UNE PETITE TABLE D'EXTÉRIEUR (FACULTATIF)

- UN CARNET ET UN CRAYON

- UNE LAMPE DE POCHE

ATTENTION !

À la différence de Galilée, vous ne risquez guère d'être jeté en prison pour avoir fait une recherche astronomique ; mais pour éviter toute déception et réaliser une bonne observation, respectez l'étape 4 !

1 Vérifiez que Jupiter est visible à partir de votre région géographique, selon la saison et l'heure. Utilisez à cet effet une carte du ciel, par exemple celle du site http://www.stelvision.com.

2 Repérez Jupiter à l'œil nu à l'aide de la carte. Cela devrait être facile, car Jupiter – quand il est visible – est l'un des objets les plus lumineux du ciel.

3 Observez-le à la lunette ou aux jumelles.

4 Avec des jumelles, ou un télescope (instrument utilisant des miroirs et non des lentilles comme une lunette), il faut disposer d'un trépied, ou bien s'appuyer pour éviter de bouger.

5 Notez la position des petites « étoiles » voisines de Jupiter, d'un côté ou de l'autre.

6 Notez ces positions sur votre carnet (utilisez une lampe de poche si vous êtes à l'extérieur).

7 Continuez vos observations sur une semaine, ou plus. Voyez-vous des changements systématiques ?

8 Essayez de prévoir dans quelles positions seront les satellites une autre semaine. Vérifiez !

La pomme d'
ISAAC NEWTON

DE PROGRÈS EN PROGRÈS

Un après-midi de 1665, alors qu'il était assis dans le verger familial du village de Woolsthorpe en Angleterre, Isaac Newton (1642–1727) vit une pomme tomber d'un arbre. Ce mouvement de la pomme vers le sol (on raconte parfois qu'elle tomba sur sa tête) amena Isaac à se demander : quelle est la cause qui attire la pomme vers le sol ? Existe-t-il une force mystérieuse attirant toutes les choses entre elles ? Cette force pourrait même expliquer l'attraction des planètes par le Soleil. Newton se mit à faire des recherches sur cette « force », mais bientôt il aboutit à des calculs si compliqués que pour les résoudre, il dut inventer un nouveau type de mathématiques : le calcul différentiel. Il y consacra douze années, puis il publia en 1687 les *Principes mathématiques de la philosophie naturelle*, offrant l'explication scientifique de la mystérieuse force agissant entre toutes choses : la loi de la gravitation universelle – autrement dit la « pesanteur ». Ce livre établissait aussi les trois lois du mouvement (voir page 83), qui s'appliquent non seulement à la force de gravitation, mais aussi qui décrivent l'action de n'importe quelle force sur le mouvement des corps. Ces lois permettent encore aujourd'hui de calculer la position des galaxies lointaines, de construire des sous-marins, d'envoyer des engins spatiaux sur la Lune, et de décrire le mouvement de particules si petites qu'elles sont invisibles, même à l'aide du plus puissant des microscopes.

Cela est bel et bon, mais où trouve-t-on un aspect potentiellement catastrophique ? Réfléchissez à cela, et vous le comprendrez. Les lois du mouvement de Newton ont ouvert la voie de ce que nous appelons la physique moderne. Connaissez-vous l'expression : « Qui a libéré le génie de la lampe ? » Elle se réfère au génie mythique du conte arabe, qui une fois délivré de la lampe dans lequel il était emprisonné, réalise tout ce que lui

Nul ne sait si l'anecdote de « la chute de la pomme » est exacte. Peut-être était-ce une façon pour Newton d'expliquer à tout le monde une science bien compliquée. Ou bien n'est-ce qu'une histoire inventée, comme c'est souvent le cas à propos de personnages célèbres. Cependant, William Stukeley, contemporain et biographe de Newton, rapporte une conversation au cours de laquelle le physicien avait cité la chute d'une pomme comme source d'inspiration.

On doit à Newton la célèbre remarque :
« *Si j'ai pu voir un peu plus loin,
c'est que j'étais monté sur les épaules de
géants* », rendant ainsi hommage
aux savants qui l'avaient précédé.

demande son libérateur. Mais le problème avec ce génie, c'est qu'une fois sorti, il n'est pas facile de le ramener dans la lampe ! Il devient bien difficile à contrôler et son infinie puissance peut avoir de désastreuses conséquences. La science ressemble un peu à ce génie fantasque ; si Aristote et Galilée ont entamé sa délivrance, c'est Newton qui le libéra complètement.

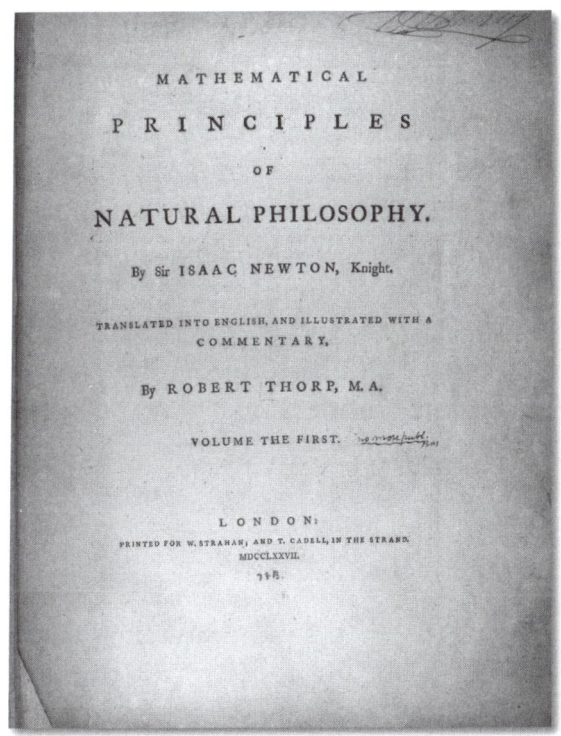

Isaac Newton publia la loi de la gravitation universelle en 1687 dans son livre
Principes mathématiques de la philosophie naturelle.

LA CAUTION SCIENTIFIQUE

CONNAISSEZ-VOUS DES POÈMES ÉCRITS EN l'honneur d'un savant ? Que dites-vous de celui-ci :

La Nature et ses lois étaient fort bien cachées.
Mais Dieu créa Newton : tout fut illuminé.

Ces deux vers sont traduits d'après un long poème composé par Alexander Pope (1688–1744) en mémoire de Newton, trois ans seulement après sa mort. Vous pouvez juger par là de l'accueil fait par l'opinion publique aux travaux du savant. Se trouverait-il de nos jours un poète pour célébrer les travaux de Stephen Hawking ou d'Albert Einstein ?

Mais quelle était au juste la contribution de Newton ? Il faudrait toute une série de livres pour rendre justice à son œuvre, mais sa loi de la gravitation universelle et ses trois lois du mouvement en constituent le cœur. Newton a établi que tout corps dans l'Univers exerce une force de gravitation sur tous les autres corps ; cette force dépend de la masse de ces objets et de la distance qui les sépare. Plus cette distance est grande, plus la force de gravitation diminue ; mais cette force augmente en proportion des masses.

L'unité internationale de la force est le newton (abréviation : N).

Newton était un grand admirateur de Galilée (p. 69), et ses lois du mouvement prolongent les découvertes de son prédécesseur. Galilée avait observé les planètes et leurs satellites. Newton décrivit les caractéristiques de leurs mouvements, dans un langage clair, accessible même aux poètes.

LES TROIS LOIS DU MOUVEMENT DE NEWTON

La première loi du mouvement affirme qu'un objet en mouvement garde toujours sa vitesse et sa direction, sauf si une force extérieure agit sur lui. De même, si un objet est au repos, c'est-à-dire immobile, il le restera indéfiniment.

La seconde loi du mouvement explique pourquoi il faut exercer un effort plus grand pour déplacer un corps lourd plutôt qu'un objet léger. Elle s'exprime en une formule permettant de calculer la force nécessaire pour obtenir une variation de vitesse ou de direction (c'est ce que l'on appelle une accélération) :

force = masse × accélération

La troisième loi du mouvement énonce que si corps exerce une force sur un autre, cet autre corps lui oppose une force égale (« action/réaction »). C'est ainsi que lorsqu'un canon tire un boulet, le canon subit un recul. Les forces se présentent donc par paires. Lorsque vous êtes debout sur le sol, vous exercez une force vers le bas ; si le sol n'exerçait pas sur vous une force correspondante vers le haut, vous traverseriez le sol.

Il faut plus de force pour faire bouger
un objet lourd !

La science-friction selon Newton
EXPÉRIENCE 13

Cette expérience met en évidence l'une des forces extérieures s'exerçant sur les corps en mouvement : il s'agit du frottement, qui ralentit le mouvement jusqu'à l'arrêter. On s'en aperçoit bien lorsqu'on compare le glissement d'un objet, par exemple un palet de hockey, sur de la glace ou sur un tapis. Mais notre expérience porte sur le frottement qui s'exerce entre les pages entrelacées de deux livres : entre deux pages elle est faible, mais si vous arrivez à intercaler 50 ou 60 pages vous constaterez que la force de frottement atteint une valeur considérable.

VOUS AUREZ BESOIN DE :

- **2 LIVRES BROCHÉS DE TAILLE VOISINE, AYANT À PEU PRÈS LE MÊME NOMBRE DE PAGES**

ATTENTION

Pas de vrai danger ici, veillez seulement à ne pas emprunter des éditions originales hors de prix !

1 Votre but est de « verrouiller » deux livres ensemble en intercalant leurs pages entre elles.

2 Posez les livres l'un en face de l'autre sur une table, juste en contact.

3 Soulevez les pages par le bord libre en laissant les dos en contact avec la table et rapprochez les livres de 3 cm environ.

4 Effeuillez les pages avec les pouces de la fin du livre vers le début.

5 Si vous avez fait cela comme il faut, les pages sont intercalées et superposées sur 3 cm.

6 Tentez à présent de séparer les deux livres. Ils vous sembleront « attachés » l'un à l'autre.

Troisième loi du mouvement de Newton
EXPÉRIENCE 14

Voici une belle démonstration de l'égalité des forces dans l'interaction entre deux corps (action/réaction). Dès l'instant où vous cesserez d'obturer les trous du carton, l'eau commencera à jaillir avec une certaine force. Le jet repousse le carton dans la direction opposée avec une force égale (comme une fusée est propulsée vers l'avant en éjectant des gaz vers l'arrière, quand elle brûle son carburant) ; mais comme le carton est retenu par le haut, le mouvement en ligne droite devient une rotation.

VOUS AUREZ BESOIN DE :

- UN CARTON DE BOISSON D'UN LITRE, VIDE
- CRAYON
- CISEAUX
- FICELLE
- AMI(E) POUR AIDER ET OBSERVER
- EAU

ATTENTION

Expérience à faire à l'extérieur, car de l'eau giclera partout.

1 À l'aide d'un crayon, percez un trou en bas à gauche des quatre côtés du carton.

2 Faites un autre trou au centre du volet supérieur du carton. (Si c'est trop dur avec le crayon, utilisez les ciseaux.)

3 Coupez 50 cm de ficelle et attachez une extrémité au trou du volet supérieur.

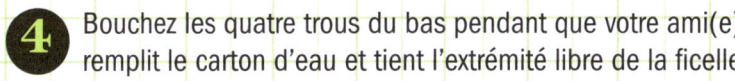

4 Bouchez les quatre trous du bas pendant que votre ami(e) remplit le carton d'eau et tient l'extrémité libre de la ficelle.

5 Demandez à votre ami(e) de tenir la ficelle en hauteur, un peu à distance. Libérez les quatre trous.

6 L'eau jaillit des trous et le carton tourne, jusqu'à ce qu'il soit vide.

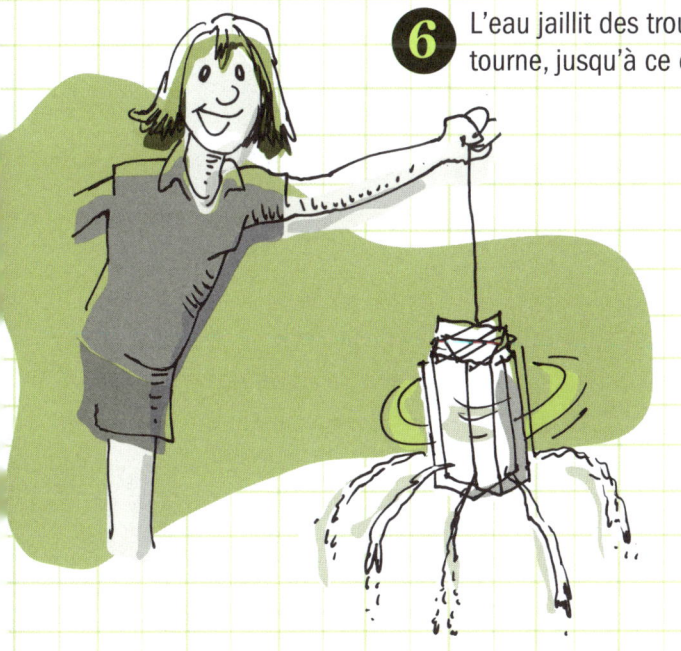

Benjamin Franklin et son
CERF-VOLANT ÉLECTRIQUE

... IL A VRAIMENT FAILLI SE FAIRE GRILLER !

Comment se fait-il que le mauvais temps excite le goût du risque chez certaines personnes, d'ordinaire raisonnables ? Des personnes « rangées », tout à fait comme il faut, abandonnent pour un rien leur bureau, sautent en voiture et se muent en chasseurs de foudre pour observer les orages, en les espérant spectaculairement violents.

Il y a plus de 250 ans, l'un des citoyens les plus sages des États-Unis manqua de se faire foudroyer du fait d'un accès de passion pour les éclairs : voilà bien une science potentiellement catastrophique ! Vous représentez-vous bien ce à quoi s'expose une personne qui reçoit un éclair de 300 000 volts ?

Benjamin Franklin ne figurait pas en son temps parmi les « trompe-la-mort » connus pour leurs audaces. Bien au contraire, il était connu pour de sages dictons, pour l'invention d'un poêle particulièrement efficace et de verres optiques à double foyer, ainsi que pour ses efforts diplomatiques en faveur de l'indépendance américaine... Mais il était doté d'une extrême curiosité et d'un solide esprit scientifique.

La **foudre** est une décharge électrique de TRÈS haute intensité traversant l'atmosphère. Un éclair file à près de 100 000 km par seconde du nuage vers le sol, sous une différence de potentiel pouvant atteindre un million de volts. Sa température de 30 000 degrés est plus élevée que celle régnant à la surface du Soleil.

Dans les années 1750, tout comme d'autres savants, Franklin s'était convaincu que la foudre était de l'électricité statique, bien que des millions de fois plus puissante que les étincelles qui se produisent en frottant des vêtements en laine. Il savait aussi que l'éclair frappe les objets situés en hauteur — ou bien est attiré par eux. Le troisième élément connu de Franklin était que la charge électrique doit s'accumuler lorsque l'orage se prépare (les nuages deviennent de plus en plus négatifs et tout ce qui se trouve au-dessous accroît ses charges positives) : tout est prêt pour que les charges s'écoulent, car les charges opposées s'attirent.

Ayant tous ces éléments en tête, Franklin et son fils William remarquèrent des nuages noirs s'accumulant au-dessus de Philadelphie par un après-midi de juin 1752. Ils lancèrent un cerf-volant construit pour l'occasion, attaché à une clé métallique. Au bout de la clé il y avait un ruban tenu par Franklin, et un fil relié à une bouteille de Leyde (capable de stocker les charges électriques).

Cette gravure extraite de *The Boy's Playbook of Science* montre Benjamin Franklin tirant un éclair du fil d'un cerf-volant muni d'une clé.

Benjamin et William attendirent patiemment le passage des nuages dans les environs : rien de particulier ne se produisait, ni au niveau du cerf-volant ni à celui de la clé... Puis Benjamin observa que le fil attaché au cerf-volant était humide ; or un fil humide conduit bien l'électricité, ce qui risquait de décharger le cerf-volant. Il tendit sa main libre en direction de la clé, mais avant de l'atteindre, un éclair brilla entre la clé et sa main. Franklin bondit en arrière et ne fut pas foudroyé. Il conclut qu'une partie de la charge allant vers la bouteille de Leyde s'était dirigée vers sa main. Une telle charge ne pouvait venir que du cerf-volant, alors très proche des nuages d'orage fortement chargés.

La **bouteille de Leyde** tire son nom de la ville de Leiden aux Pays-Bas, où en 1745 Pieter van Musschenbroek inventa cet appareil, le premier capable de stocker des charges électriques.

LA CAUTION SCIENTIFIQUE

BENJAMIN FRANKLIN ÉTAIT UN HOMME SAGE ET avisé. C'est pourquoi bien des doutes planent sur le déroulement de l'expérience, comme à propos de la baignoire d'Archimède, du « Et pourtant elle tourne » de Galilée ou de la pomme de Newton. Benjamin Franklin savait bien que les charges négatives accumulées dans les nuages s'écouleraient par le fil humide vers la bouteille de Leyde, et il n'aurait jamais été assez imprudent pour risquer d'être foudroyé. Ce ne serait donc que pour mieux convaincre de la réalité de sa théorie qu'il aurait fait courir la version des faits impliquant son fils et le cerf-volant.

Peut-être deviendrez-vous un jour historien des sciences et vous attacherez-vous à établir la réalité des faits qui se sont déroulés durant cet après-midi de juin. Mais en attendant, retenez bien que Benjamin Franklin avait compris que l'électricité statique s'accumulait dans les nuages et qu'elle pouvait se décharger de la plus façon la plus spectaculaire, en un éclair et dans le fracas du tonnerre...

Le terme « électricité statique » désigne les charges électriques (positives ou négatives) accumulées par un objet, n'attendant que l'occasion de se décharger sur un autre objet portant des charges de signe opposé. C'est ainsi qu'il vous est probablement arrivé, après avoir marché sur une moquette en fibres synthétiques, de ressentir un choc électrique en touchant une poignée de porte métallique : des électrons, arrachés de la moquette par frottement, ont chargé votre corps en électricité négative, laquelle s'est écoulée en donnant une petite étincelle.

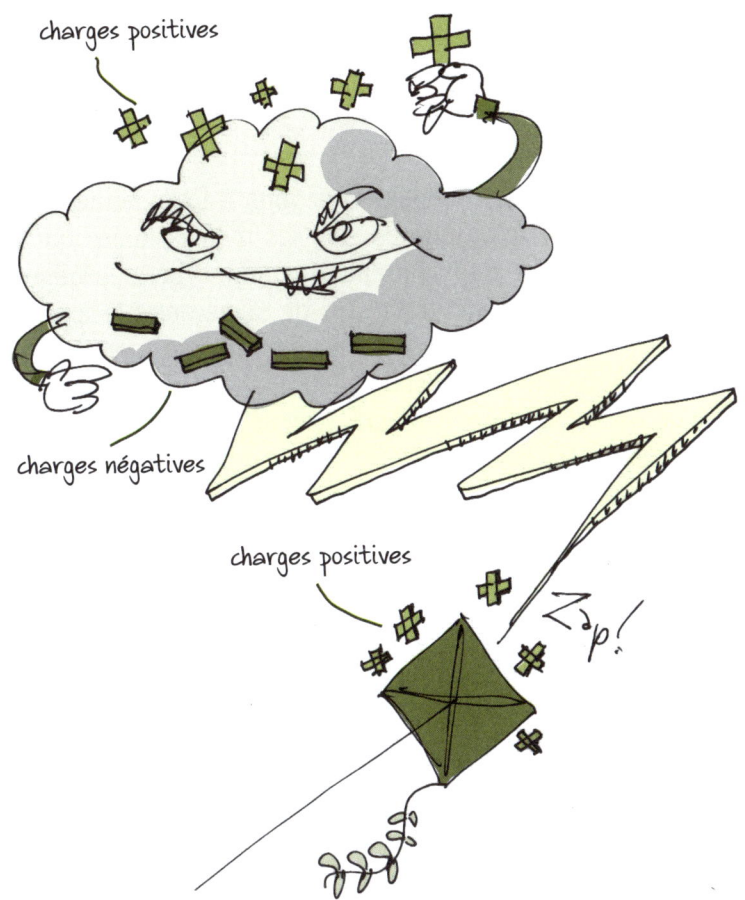

charges positives

charges négatives

charges positives

Zap!

Lorsque les particules de charge négative (-) au bas des nuages sont attirées par les charges positives (+) du cerf-volant se trouvant au-dessous, il se produit un éclair.

L'éclair provient d'un processus analogue, bien qu'à une échelle infiniment plus grande. Les cristaux de glace des nuages d'orage se heurtent violemment et échangent des charges électriques : les particules positives vont vers le sommet des nuages, alors que le bas des nuages est négatif (comme vos doigts après avoir marché sur la moquette). Les charges négatives accumulées se déchargent vers les objets chargés positivement situés assez haut, comme les clochers des églises, les sommets des arbres, ou le cerf-volant de Franklin !

EXPÉRIENCE 15

Vous allez réaliser des éclairs chez vous, à toute petite échelle, mais dites-vous bien que ce sont les mêmes forces qui sont mises en œuvre dans la nature et dans cette expérience. Vous allez écraser des morceaux de sucre entre le fond d'un verre et une assiette. Une partie de l'énergie que vous allez fournir en faisant cela sera absorbée par des électrons du sucre. Lorsqu'ils libéreront cette énergie en revenant à leur état normal, ils émettront de la lumière. Ce phénomène s'appelle triboluminescence, ce qui signifie simplement « émission de lumière par frottement ».

VOUS AUREZ BESOIN DE :

- DEUX OU TROIS MORCEAUX DE SUCRE
- UN VERRE TRANSPARENT, POURVU D'UN FOND ÉPAIS
- UNE ASSIETTE PLATE
- DES LUNETTES DE PROTECTION EN PLASTIQUE

ATTENTION !

Choisissez un verre ayant un fond épais, ne risquant pas de se casser, et protégez complètement vos yeux avec les lunettes. Respectez bien ces précautions, et vous réaliserez une expérience très intéressante et sans aucun danger.

1 Éteignez les lumières et tirez les rideaux dans une pièce, pour obtenir l'obscurité complète.

2 Attendez environ une minute pour que vos yeux s'accoutument à l'obscurité, et mettez les lunettes.

ÉCHELLE DES CATASTROPHES : **AUCUN RISQUE**

3 Disposez deux ou trois morceaux de sucre sur l'assiette et placez le verre sur eux.

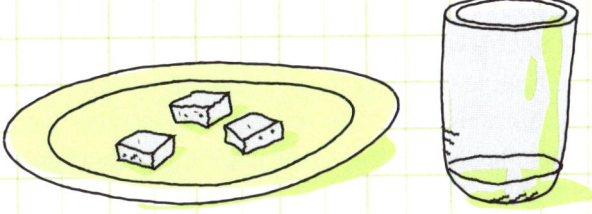

4 Tenez fermement le verre et regardez à travers son fond, comme à travers un instrument d'optique.

5 Appuyez lentement, bien fort, pour écraser le sucre. Vous verrez alors surgir des étincelles !

Les ballons électriques de Benjamin Franklin
EXPÉRIENCE 16

Vous avez peut-être déjà électrisé un ballon de baudruche en le frottant contre vos cheveux ou contre un vêtement en laine : il devient capable de se coller contre le mur, grâce à l'attraction électrique qui s'exerce entre le ballon et le mur. A contrario, notre expérience va mettre en évidence la répulsion existant entre charges électriques de même signe. Deux ballons, chacun suspendu par un fil, tombent l'un contre l'autre sous l'effet de leur poids. Mais s'ils portent une charge électrique de même signe, ils vont se repousser... avant de retomber l'un vers l'autre, et ainsi de suite, jusqu'à ce que la charge disparaisse !

La répulsion entre charges électriques identiques se produit de façon analogue entre pôles magnétiques : par exemple, les pôles nord de deux aimants se repoussent (il est même très difficile de mettre en contact les pôles nord de deux bons aimants !). Quelques dizaines d'années après Benjamin Franklin, les physiciens ont découvert que ces phénomènes, apparemment différents, ont une origine commune : on parle de forces électromagnétiques. C'est ainsi qu'à l'aide d'une pile, on peut fabriquer un aimant. On peut même construire des trains sans contact avec des rails, par « sustentation électromagnétique » !

VOUS AUREZ BESOIN DE :

- 120 CM DE FIL
- UNE RÈGLE
- 2 BALLONS DE BAUDRUCHE
- UN(E) AMI(E) POUR VOUS AIDER
- UN PULL EN LAINE

ATTENTION !

Il n'y a rien de dangereux dans cette expérience, pourtant entièrement basée sur des forces électriques.

1 Attachez le fil au milieu de la règle, de manière à obtenir deux longueurs égales de fil qui pendent de part et d'autre du nœud.

2 Attachez chaque ballon au bout d'un fil, de sorte que chacun arrive exactement au même niveau, environ 60 cm au-dessous de la règle.

3 Demandez à un(e) ami(e) de tenir la règle à bout de bras.

4 Frottez un côté de chacun des ballons contre un pull en laine ; repérez bien le côté frotté de chaque ballon.

5 Positionnez les ballons de sorte que les côtés qui ont été frottés se touchent, puis laissez-les aller librement.

6 Ils devraient partir de part et d'autre, puis retomber ensemble, puis se repousser de nouveau... et ainsi de suite jusqu'à ce que la charge disparaisse.

Arrête de te montrer aussi négatif...

Je ne suis pas le seul à l'être par ici !

Le circuit de Galvani et la
PILE DE VOLTA

L'ORIGINE DE L'IDÉE DE FRANKENSTEIN

B enjamin Franklin ne fut pas le seul savant fasciné par les mystérieux pouvoirs de l'électricité. Mais même s'il acceptait de frôler la catastrophe en testant ses théories (voir pages 89-93), ses travaux n'ont jamais inspiré l'écriture d'un roman d'épouvante capable de terrifier des générations de lecteurs.

En revanche, le savant Luigi Galvani a réellement inspiré l'une des créations littéraires les plus effrayantes, le monstre du Dr Frankenstein. Pensez à l'un de ces fameux films, lorsque la créature est encore allongée sans vie, dans le laboratoire de son créateur. Quelqu'un actionne un interrupteur, des gerbes d'étincelles

fusent, un grésillement électrique se fait entendre...
et le monstre ouvre les yeux.

En 1771, dans son propre laboratoire, Luigi Galvani
ne se doutait certainement pas que ses travaux
allaient inspirer à Mary Shelley, 45 années plus tard,
l'écriture de *Frankenstein*. Comme d'autres scientifiques de son époque, il était fasciné par les études
de Franklin sur l'électricité et il se demandait quels
effets cette énergie pouvait avoir autour d'elle. La
plupart des scientifiques — et Galvani ne faisait pas
exception — disposaient de générateurs d'électricité
statique, par exemple des machines électriques « à
influence » accumulant les charges par frottement et
rotation. On pouvait ensuite en tirer des étincelles.

Par un certain jour de 1771, Galvani disséquait
des grenouilles pour en étudier l'anatomie. Il faut
se représenter le laboratoire, avec la machine électrique et au voisinage des cadavres des petits animaux, leurs muscles à nu, Galvani les touchant de
son scalpel : les pattes se contractèrent et sursau-
tèrent ! Galvani attribua cet effet à l'électricité dont
le scalpel devait être chargé.

Cette idée en tête et connaissant la nature électrique des éclairs, Galvani accrocha les pattes des
grenouilles sur son balcon durant un orage. De nouveau, les pattes se contractèrent ! Plus étrange, elles
continuèrent à tressauter après l'orage. L'électricité
avait-elle redonné vie aux pattes des grenouilles ? Ou
bien y restait-il de l'électricité ?

Ces découvertes captivèrent l'imagination du monde.
« Créer » de la vie, ramener des morts parmi les
vivants, cela suscitait des visions d'horreur potentiellement catastrophiques : la planète submergée

Luigi Galvani (1737-1798) tentant de comprendre pourquoi les pattes de grenouilles mortes étaient agitées de spasmes durant un orage.

par les revenants, ou l'apparition de monstres comme celui du docteur Frankenstein. Heureusement, un collègue et ami de Galvani, Alessandro Volta, ne participa nullement à cette hystérie collective : il avait compris que ces découvertes allaient révolutionner le monde scientifique.

Lorsque Galvani montra pour la première fois à Volta les pattes de grenouilles agitées de spasmes, celui-ci n'accepta ni l'idée de l'éclair, ni celle de l'électricité conservée dans les muscles. Il pensait aux courants produits par les différents métaux en contact avec les grenouilles : le scalpel utilisé pour la dissection, les crochets de cuivre maintenant les pattes sur le balcon. Ces métaux constituaient un « circuit fermé » qui était la clé des contractions.

Pour prouver son hypothèse, Volta empila une série de disques de zinc et d'argent alternés : zinc, argent, zinc etc. Entre chaque disque, il mit un disque de carton imprégné d'une solution saline. Lorsqu'il relia le disque de zinc du dessous au disque d'argent du sommet par un fil métallique, il se produisit des étincelles, prouvant l'établissement d'un courant électrique. Galvani fut convaincu, mais mieux encore, Volta venait de fabriquer la première « pile » !

LA CAUTION SCIENTIFIQUE

COMME D'AUTRES SCIENTIFIQUES QUI FURENT à l'origine de grands progrès, Luigi Galvani ne savait pas exactement ce qui se produisait dans ses fameuses expériences sur les pattes de grenouilles. On peut affirmer que tout à la fois il avait raison et qu'il était dans l'erreur. Oui, l'électricité était bien au cœur du phénomène.

Non, tous les animaux, les vivants et les morts, ne produisent pas de l'électricité par eux-mêmes. Galvani croyait en effet que les contractions observées étaient des manifestations de l'« électricité animale ». Mais après la démonstration de Volta, il comprit que c'était la connexion entre les métaux qui provoquait l'électricité et donc les spasmes.

On emploie actuellement le terme de « bioélectricité » pour décrire les relations entre les forces électriques et les tissus vivants. Cela inclut les courants électriques reçus par les animaux et les réactions qu'ils provoquent. Pour simplifier, un courant électrique est un flux de particules chargées négativement (les électrons) circulant en direction de particules de charge positive. C'était le principe de la pile de Volta, où les métaux et l'eau salée constituaient d'excellents conducteurs : c'est-à-dire que les électrons y circulaient aisément. Certaines substances, comme le caoutchouc ou le bois, s'opposent au passage des électrons, ce sont des isolants. Les animaux sont

zinc
argent
solution de sel

d'excellents conducteurs, ce qui explique les contractions des pattes des grenouilles. Très peu d'animaux produisent des charges électriques. Une exception est l'anguille électrique (voir encadré). Une autre exception est le requin, qui peut détecter même de petits changements électriques alentour.

L'anguille électrique est un animal qui aurait plu à Galvani : elle produit, pour chasser ou se défendre, des chocs électriques. Son cerveau envoie des signaux à des organes, disposés sur plus de 5 000 plaques, contenant des électrolytes (sels électriquement chargés). Ces signaux déclenchent la libération de sodium chargé positivement, ce qui envoie un courant électrique vers la proie ou l'attaquant.

Galvani vous fera dresser les cheveux sur la tête
EXPÉRIENCE 17

Cette expérience est une démonstration de bioélectricité humaine. Vous frotterez un ballon sur les cheveux d'un(e) ami(e) : cela transfèrera des électrons de ses cheveux vers le ballon. Résultat : un excès de charges positives sur les cheveux de votre ami(e) et un excès de charges négatives sur le ballon. Comme vous le savez parfaitement, les charges de signe opposé s'attirent et donc...

ATTENTION !

Cette expérience est plus spectaculaire si le (la) volontaire a les cheveux longs et fins, retombant d'eux-mêmes en penchant la tête. Ce sera moins net avec des cheveux frisés. N'ayez pas peur de ressentir un choc électrique. Il n'y a aucun risque d'atteindre un niveau de charges électriques dangereux en frottant simplement un ballon sur les cheveux !

VOUS AUREZ BESOIN DE :

- UN BALLON DE BAUDRUCHE GONFLÉ
- UN(E) VOLONTAIRE À CHEVEUX LONGS

1 Demandez à un(e) volontaire de se tenir au milieu de la pièce pour que chacun puisse bien voir.

2 Frottez vivement le ballon d'avant en arrière sur ses cheveux durant 10 à 15 secondes.

3 Éloignez lentement le ballon des cheveux de votre ami(e).

4 Ses cheveux devraient se dresser, attirés par le ballon.

5 Essayez de voir à partir de quelle distance le ballon cesse d'exercer son pouvoir attractif.

La pile de Volta avec des pièces de monnaie
EXPÉRIENCE 18

Au cours de cette expérience, vous allez constituer une pile électrique avec des pièces de monnaie. Les pièces de 20 centimes d'euro vont avoir une légère charge positive et les pièces de 5 centimes une charge négative. Les poser les unes sur les autres ne suffirait pas à en faire une pile électrique : le papier imbibé d'eau salée sert d'électrolyte (de la même manière que l'anguille électrique utilise le sodium). Devinez-vous pourquoi une pile électrique porte ce nom de « pile » ?

VOUS AUREZ BESOIN DE :

- VERRE DOSEUR
- VERRE
- EAU
- SEL
- UNE CUILLER EN BOIS
- PAPIER ESSUIE-TOUT
- PIÈCES DE 20 CENTIMES
- UNE PAIRE DE CISEAUX
- PIÈCES DE 5 CENTIMES
- FIL DE CUIVRE
- RUBAN ADHÉSIF ISOLANT NOIR

ATTENTION !

Il faut vous assurer que la pile de pièces de monnaie est stable ; soyez donc attentif à la manière de la faire tenir avec le ruban adhésif. Si vous le faites trop vite, vous risquez de répandre le tout sur la table.

1 Versez 50 cm^3 d'eau dans le verre.

2 Ajoutez une cuiller à soupe de sel. Remuez bien avec la cuiller en bois.

3 Pliez en deux une feuille de papier essuie-tout et repliez encore trois fois, pour obtenir un long rectangle d'environ 5 cm de largeur.

4 Posez une pièce de 5 centimes vers l'extrémité du papier et découpez celui-ci à ce niveau.

5 Maintenez la pièce sur ce petit morceau de papier replié et utilisez-la comme modèle pour découper un cercle de la taille de la pièce.

6 Répétez l'étape 5 jusqu'à ce qu'il ne reste plus de papier.

7 Préparez une série de pièces de 20 centimes (autant qu'il y de cercles de papier).

8 Coupez deux longueurs de 50 cm de fil de cuivre et fixez à l'aide de ruban adhésif une extrémité de l'un des fils à la première pièce de 20 centimes, puis remettez la pièce, côté fil en dessous.

9 Trempez une rondelle de papier dans l'eau salée, enlevez l'excès de liquide et posez-la sur une pièce de 20 centimes.

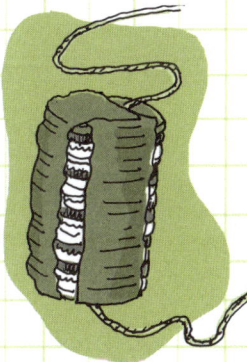

10 Répétez l'étape 9 jusqu'à ce que chaque pièce de 20 centimes soit recouverte.

11 Mettez une pièce de 5 centimes sur chaque paire (pièce de 20 centimes, rondelle de papier) en fixant le second morceau de fil de cuivre à la pièce de 5 centimes du haut.

12 Coupez plusieurs longueurs de 15 cm de ruban adhésif et utilisez-les pour emballer la pile de pièces en serrant bien et en laissant une partie de pièce visible à chaque extrémité.

13 Prenez les extrémités libres des fils de cuivre et touchez-les avec votre langue. Vous éprouverez un picotement sans danger, prouvant que cette pile crée un courant électrique.

Le ballon à air chaud

DES FRÈRES MONTGOLFIER

PARVENIR LÀ OÙ NUL N'ÉTAIT ALLÉ AUPARAVANT

Le 4 juin 1783, un groupe de spectateurs s'était rassemblé à Annonay, en Ardèche. Au centre de la place se dressait un étrange assemblage, de toile et de papier fort, ouvert vers le bas. Un filet de cordes le renforçait à l'extérieur et, en regardant de près, on pouvait voir les 1 800 boutons qui maintenaient ensemble toutes les pièces de cet appareil.

Joseph et Jacques Montgolfier, dont le père était fabricant de papier, s'affairaient autour du globe, allumant un brasier au niveau de l'ouverture. Ils annoncèrent que ce ballon allait s'élever. De fait, au fur et à mesure qu'ils alimentaient le feu, le ballon commençait à quitter le sol. Il monta, monta, monta... jusqu'à se retrouver à plus de mille mètres au-dessus des spectateurs ébahis.

La nouvelle du succès des frères Montgolfier se répandit en France comme une traînée de poudre. Des fermiers de la région crurent voir un monstre. Le public fut tout à la fois émerveillé et effrayé. Qu'allait-il advenir des personnes qui tenteraient une telle ascension ? Se retrouver brutalement dans le ciel ne se révélerait-il pas dangereux et même mortel ? Les ballons pourraient-ils servir à la guerre ?

Une opinion très répandue affirmait que si Dieu avait voulu que les hommes volent, il les aurait pourvus d'ailes... Mais les frères Montgolfier étaient déterminés à tenter ce vol. Ils furent tout d'abord invités à présenter leur invention à Versailles devant le roi Louis XVI. Le 19 septembre, ils lancèrent un ballon avec un mouton, un canard et un coq, pour un vol de huit minutes. Tous revinrent indemnes.

Encouragés par ce succès, deux volontaires, Pilâtre de Rozier et le marquis d'Arlandes montèrent dans un premier ballon amarré au sol, puis le 21 novembre ils partirent pour un vol libre. Ils volèrent durant 25 minutes environ, puis touchèrent terre à 8 kilomètres de là. Cette invention pouvait donc transporter des humains. Certes, voler dans une nacelle emportée par un ballon empli d'air chaud était en soi une catastrophe potentielle. Effectivement, deux ans après son exploit d'« aéronaute », Pilâtre de Rozier se tua dans l'explosion de son ballon, au cours de la première catastrophe aérienne de l'histoire. D'autres

Les frères Montgolfier, aux environs de 1783.

suivirent : Jean-Pierre François Blanchard fut l'un des premiers à traverser la Manche, mais il mourut en ballon quelques années plus tard. Son épouse, Madeleine-Sophie Blanchard, fut la première femme aéronaute ; elle mourut moins de dix ans après son mari, dans un terrible accident.

LA CAUTION SCIENTIFIQUE

LES CHOIX TECHNOLOGIQUES DES FRÈRES ÉTAIENT corrects, mais leurs théories scientifiques étaient fausses. Ils pensaient que le feu produisait un gaz particulier, le « gaz Montgolfier » capable de soulever des objets. En réalité leurs ballons n'étaient emplis que d'air ordinaire.

L'air est un mélange de gaz et lorsque les gaz sont chauffés, ils se dilatent. Les frères Montgolfier, tout comme les utilisateurs des montgolfières actuelles, chauffent l'air contenu dans leurs ballons à l'aide d'une flamme. Entre en jeu dans ce phénomène une loi scientifique, celle des « gaz parfaits » selon laquelle les distances entre les molécules de gaz

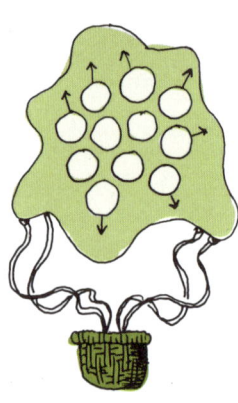

Les onze molécules contenues dans ce ballon sont très proches les unes des autres à température ordinaire. L'air dans ce ballon est dense.

Lorsqu'on chauffe l'air, les espaces entre les molécules d'air deviennent plus grands : le gaz (l'air) devient moins dense.

sont plus grandes quand le gaz est plus chaud. De ce fait, les gaz chauds (l'air, dans le cas de la montgolfière) ont une densité plus faible. Devenant moins denses, ils déplacent du gaz environnant, plus froid et plus lourd. Cette différence de poids s'appelle la poussée d'Archimède, qui agit vers le haut. Quand le ballon s'emplit d'air chaud, cette poussée équilibre puis dépasse la pesanteur dirigée vers le bas : c'est ainsi que l'ensemble de la montgolfière et de ses passagers parvient à s'élever en l'air.

Un aéronaute expérimenté sait à quel moment et pendant quelle durée il convient de réchauffer l'air d'un ballon pour obtenir la poussée convenable. Une autre possibilité est d'emplir un ballon d'un gaz plus léger que l'air : c'est le cas des ballons remplis d'hélium vendus dans les foires et parcs d'attraction.

EXPÉRIENCE 19

Dans les gravures d'époque, les montgolfières sont bien décorées. Dans cette expérience, c'est un humble sac-poubelle qui deviendra capable de s'envoler et l'air chaud nécessaire sera obtenu grâce au Soleil ! Mais comment est-ce possible, puisque l'air ambiant sera chauffé lui-même par les rayons solaires ? C'est parce que vous aurez pris la précaution de choisir un sac noir, qui absorbera donc plus efficacement la chaleur du Soleil ! Naturellement, il faudra tenter cette expérience par une journée calme et ensoleillée, et patienter le temps qu'il faudra, une heure ou plus, pour que le ballon veuille bien décoller, avec la charge que vous lui aurez confiée.

VOUS AUREZ BESOIN DE :

- UN GRAND SAC POUBELLE LÉGER, DE COULEUR NOIRE, AVEC UN LIEN
- FICELLE
- UN PETIT SOLDAT OU UN ANIMAL EN PELUCHE
- UN SÈCHE-CHEVEUX (FACULTATIF)

ATTENTION !

Souvenez-vous que les sacs en plastique peuvent être dangereux : il y a risque d'étouffement, soyez prudent, ne le laissez pas à la portée d'un petit enfant.

1 Tenez le sac ouvert à deux mains et faites-le circuler très vite pour que l'air s'y engouffre, jusqu'au moment où il sera à peu près rempli.

WHOOSH !

2 Tortillez l'ouverture et fermez-la en y faisant un nœud, ou bien à l'aide d'une ficelle.

3 Attachez à l'extrémité nouée une ficelle de 2 mètres et fixez-y un soldat de plomb ou un animal en peluche.

4 Il n'y a plus qu'à patienter... Le sac commencera à s'élever, puis partira en emmenant son « passager ». Prenez garde à ne pas le laisser partir trop loin, ce sac ne serait pas forcément apprécié par les voisins, et s'il atterrissait en pleine nature, ce ne serait pas bon pour l'environnement !

5 Si besoin est, vous pouvez accélérer le résultat en gonflant le ballon d'air chaud à l'aide d'un sèche-cheveux. Demandez de l'aide pour tenir l'ouverture du sac au-dessus du sèche-cheveux, attachez-le lorsqu'il est rempli et amenez-le à l'extérieur.

Le ping-pong de Montgolfier
EXPÉRIENCE 20

Cette expérience permet d'observer le phénomène de dilatation de l'air chaud. Vous utiliserez à cet effet une balle de ping-pong cabossée. De l'eau chaude va réchauffer l'air contenu dans la balle. La dilatation de ce volume d'air va exercer une pression vers l'extérieur de la balle, dont vous ne pourriez pas voir l'action sur une balle de ping-pong en bon état. Par contre, la pression de l'air chaud va redonner à la balle cabossée sa forme normale.

VOUS AUREZ BESOIN DE :

ATTENTION !
La balle doit être cabossée, mais ni percée ni fendue.

- UN BOL

- EAU CHAUDE (LA PLUS CHAUDE QU'IL SOIT POSSIBLE D'OBTENIR AU ROBINET)

- UNE BALLE DE PING-PONG CABOSSÉE

- UNE BOUTEILLE D'EAU EN PLASTIQUE, SANS BOUCHON

1 Remplissez le bol d'eau bien chaude.

2 Mettez la balle dans l'eau.

3 Tenez la bouteille en plastique, ouverture vers le bas, en contact avec la balle de ping-pong.

4 Maintenez bien la balle sous l'eau en vous aidant de la bouteille.

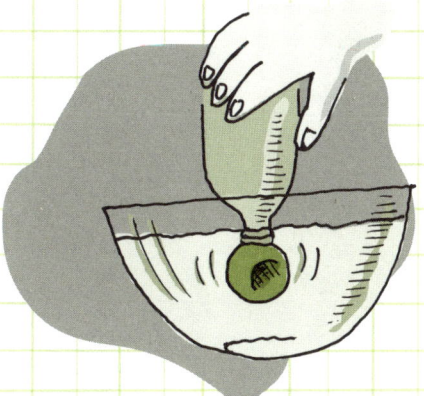

5 Tenez la bouteille et la balle dans l'eau chaude. Normalement, la balle cabossée retrouve sa forme en moins d'une minute.

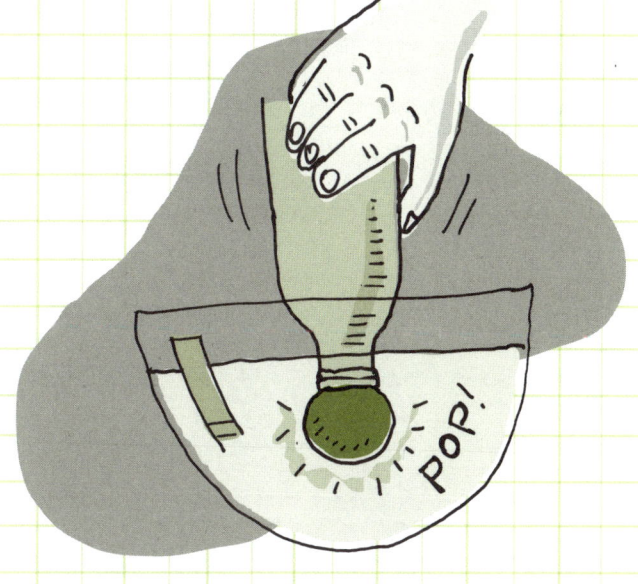

Edward Jenner :
LE VACCIN MIRACLE

RISQUONS-NOUS DE NOUS TRANSFORMER EN VACHES ?

Avez-vous peur des piqûres quand vous allez chez le médecin ? Mais pourquoi : est-ce de peur d'avoir mal, ou de peur de vous transformer en vache ?

Oui, vous avez bien entendu : en vache ! Car aussi absurde que cela soit, cette légende a quelquefois couru depuis plus de 200 ans, depuis que la pratique de la vaccination a été introduite. Le but de la vaccination était de lutter contre un mal bien réel et mortel, la variole.

Au XVIIIe siècle, on redoutait en effet cette maladie, infiniment plus dangereuse que la varicelle. Les gens ayant contracté cette maladie mouraient dans une proportion allant jusqu'à 60 % ; selon certains experts, on estime que 400 000 décès par an étaient dus en Europe à la variole, durant les années 1700. Ceux qui en réchappaient étaient souvent marqués de vilaines cicatrices sur tout le corps. Pourrait-on un jour trouver remède à ce fléau ?

Le médecin anglais Edward Jenner (1749-1823) faisait partie de ceux qui entretenaient cet espoir. Il était ouvert à des idées très diverses dans sa recherche d'un traitement. On disait que les fermières ayant contracté la variole des vaches (une maladie bénigne aussi appelée *vaccine*) ne pouvaient plus attraper la variole. Jenner était intrigué par cette idée. Ces fermières présentaient des pustules sur leurs mains et Jenner eut l'idée que le pus qu'elles contenaient pouvait recéler la clé de cette immunité. Mais comment s'en assurer ? Il lui fallait tester son hypothèse.

En 1796, Jenner préleva du liquide et du pus à partir des pustules d'une jeune fermière, Sarah Nelmes, qui avait attrapé la variole des vaches. Plusieurs jours de suite, il en fit des injections dans le bras d'un enfant de huit ans, nommé James Phipps. Celui-ci souffrit de légers maux de tête et présenta des frissons. Il avait effectivement contracté une forme mineure de la variole des vaches et il en guérit bientôt. Vint alors la phase terrifiante de l'expérience : Jenner inocula à James du pus provenant cette fois d'un malade

Le mot **vaccin**, dérivé du mot latin *vacca*, signifiant « vache », se réfère à la première expérience d'Edward Jenner.

atteint de la terrible variole. James n'eut rien, même après un deuxième essai.

L'expérience effectuée par Jenner sur James Phipps fut le premier exemple de vaccination préventive (moyen d'empêcher une maladie). Cette idée appliquée à d'autres maladies (tuberculose, diphtérie, tétanos, coqueluche...) sauva de très nombreuses vies et elle mena même à la disparition de plusieurs maladies.

On pourrait se demander quel pourrait être le potentiel catastrophique de ce beau progrès scientifique. Et pourtant, toutes les recherches sur la cause des maladies et les manières de s'en prémunir ont pu aboutir à des applications militaires : apprendre à cultiver des microbes et des virus est potentiellement dangereux. Par exemple, en 1940, les armées japonaises larguèrent sur la Chine des bombes contenant des puces qui sont des agents de transmission de la peste bubonique. D'autres cas existent ailleurs, mais en 1975, 22 nations ont signé un traité bannissant l'emploi des armes biologiques et toxiques.

Gravure illustrant la vaccination de James Phipps par Edward Jenner. Si la vaccination n'avait pas été efficace, le petit garçon aurait pu mourir de la variole que Jenner lui avait injectée : voilà bien un cas de science potentiellement catastrophique !

LA CAUTION SCIENTIFIQUE

EDWARD JENNER FÛT UN PIONNIER DANS LA LUTTE contre la maladie, mais il reconnaissait volontiers que des pratiques plus anciennes, ainsi que des bribes de connaissances éparses l'aidèrent à concevoir le vaccin qu'il expérimenta sur le petit James Phipps.

Durant des millénaires, on a pu observer que les personnes ayant survécu à une maladie mortelle n'étaient plus susceptibles de la contracter à nouveau. Huit siècles avant Jenner, les Chinois réduisaient en poudre les croûtes de malades de la variole et la faisaient inhaler (respirer par le nez) à des personnes saines. Cette manière de transmettre une forme atténuée d'une maladie, pour protéger par la suite des formes graves, s'appelle l'inoculation.

La vaccination expérimentée par Jenner consistait à inoculer non pas la variole humaine elle-même, mais une maladie non mortelle, la variole des vaches. Les variantes modernes de la vaccination, par exemple contre la poliomyélite, utilisent des virus atténués. La vaccination contre des maladies d'origine bactérienne (comme le choléra et la tuberculose) met en jeu des éléments non actifs de bactéries.

Le principe de l'inoculation est le même que celui de la vaccination. L'immunité de l'organisme (sa capacité à lutter contre la maladie) est une réaction qui produit des anticorps. Ce sont des protéines particulières permettant aux globules blancs du sang d'identifier et de détruire des envahisseurs dangereux. Une personne ayant la variole ou les oreillons n'est pas toujours en mesure de produire assez d'anticorps. Dans ce cas, un vaccin permet au système immunitaire de produire ces précieux anticorps sans

avoir à lutter simultanément contre les effets de la maladie elle-même.

La plupart des maladies sont causées par des « germes ». Traduit en termes scientifiques, ce mot un peu vague désigne toutes sortes de microorganismes (bactéries, virus, champignons, protozoaires), aussi différents que le sont les girafes et les papillons. Ils possèdent tous la capacité d'attaquer et d'affaiblir nos organismes d'une manière ou d'une autre, provoquant des maladies. Ils ont en commun leur toute petite taille, les rendant invisibles à l'œil nu. C'est pourquoi l'invention du microscope marqua un progrès fondamental. Cet appareil utilise des lentilles de verre capables de réfracter (changer le trajet) des rayons lumineux. Grâce au microscope, on peut agrandir fortement les images des germes, et ainsi les rendre visibles.

Le microscope à goutte d'eau d'Edward Jenner
EXPÉRIENCE 21

Cette expérience vous permettra d'avoir un aperçu sur le monde mystérieux des microorganismes, si important en médecine. Vous utiliserez une simple goutte en guise de lentille, pour agrandir l'image des organismes microscopiques vivant dans des étangs ou simplement dans des flaques d'eau. La lumière se déplace moins vite dans l'eau que dans l'air, ce qui change la trajectoire des rayons lumineux provoquant la réfraction. C'est ainsi que les images sont agrandies quand on regarde à travers une goutte d'eau.

VOUS AUREZ BESOIN DE :

- DE L'EAU D'UNE MARE OU D'UN ÉTANG
- UNE SOUCOUPE
- UNE BOUTEILLE EN PLASTIQUE TRANSPARENT, VIDE
- UNE PAIRE DE CISEAUX
- EAU PROPRE
- UNE CUILLER

ATTENTION !

Il faut parfois quelques essais pour obtenir une goutte de la forme adéquate. Ne vous découragez pas, ça va marcher !

1 Recueillez de l'eau sale dans une mare ou un étang, mettez-la dans la soucoupe.

2 Posez la soucoupe sur une table ou un plan de travail.

3 Découpez sur la bouteille une bande de plastique transparent (environ 6 cm de long sur 3 cm de large). Disposez-la près de la soucoupe.

4 Faites couler doucement de l'eau froide sur le manche de la cuiller.

5 Amenez la cuiller au-dessus de la bande de plastique et déposez vers son milieu une goutte d'eau d'environ un demi-centimètre de diamètre.

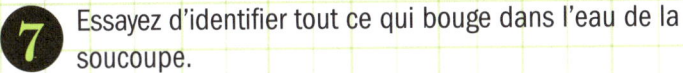

6 Tenez la bande de plastique par le bord et regardez l'eau de la soucoupe à travers la goutte.

7 Essayez d'identifier tout ce qui bouge dans l'eau de la soucoupe.

Le germe de Jenner
EXPÉRIENCE 22

Cette expérience permet de comprendre la façon dont se répand une maladie contagieuse, par exemple la grippe saisonnière. En guise de microbes, vous allez utiliser du maquillage pailleté ! Chaque particule brillante figurera un germe. Vous commencerez par « infecter » vos propres mains, puis les autres participants seront contaminés simplement en se serrant la main ! La propagation sera visible, et si cette expérience ne vous convainc pas de l'importance du lavage des mains en cas d'épidémie, alors rien n'y parviendra.

VOUS AUREZ BESOIN DE :

- UNE ASSIETTE OU UN GRAND SALADIER

- UNE SOUCOUPE

- MAQUILLAGE PAILLETÉ, EN QUANTITÉ SUFFISANTE POUR ÉTALER UNE ÉPAISSEUR D'UN DEMI CENTIMÈTRE SUR L'ASSIETTE

- AU MOINS 20 VOLONTAIRES

- UNE LAMPE DE POCHE (FACULTATIF)

ATTENTION !

Prévoir assez de temps – et d'eau savonneuse – pour que chacun puisse se nettoyer les mains après l'expérience. Et même pour ceux qui n'ont pas de paillettes sur les mains, il faut savoir que les vrais microbes ne sont pas faciles à enlever !

1 Demandez à tous les volontaires de commencer par se laver les mains : il s'agit d'une expérience médicale, après tout... De plus, les résultats sont plus visibles sur des mains bien propres.

2 Étalez une couche régulière d'un demi-centimètre de paillettes sur l'assiette.

3 Posez l'assiette sur une table ou un bureau, et demandez à un volontaire d'y frotter sa main droite.

4 Demandez-lui de serrer la main de quelqu'un d'autre et de se retirer de côté.

5 Demandez au second volontaire de serrer la main à quelqu'un d'autre et chacun (sauf le premier) se déplacera dans la pièce, serrant la main d'autres participants.

6 Continuez durant 3 minutes, sans qu'il soit nécessaire de tenir le compte exact de qui a serré la main de qui.

7 Parcourez la pièce pour compter le nombre de personnes ayant des paillettes sur les mains. Combien de participants ont été infectés ? (Il sera parfois nécessaire de mettre en évidence des paillettes dissimulées sur une main à l'aide d'une lampe de poche.)

AUDAX AEREOS GAUDET TENTARE VOLANS

M: GARNERIN.

Garnerin et
LE PARACHUTE

EN GUISE DE DÉFIT À LA PENSANTEUR

Les frères Montgolfier ont enflammé l'imagination populaire en organisant d'héroïques ascensions en ballon (voir pages 109-113). En quelques années, les aéronautes avaient sillonné tous les cieux de l'Europe. Pour certains, qu'ils soient en ballon ou simples spectateurs, les ballons étaient de la poésie en mouvement, allant doucement de-ci, de-là, au gré de la moindre brise. D'autres au contraire y virent une incitation à des défis encore plus audacieux, contre la pesanteur.

Et pourtant, que pourrait-il exister de plus risqué que de se lancer dans les cieux sans terrains d'atterrissage, sans moyens de guidage ou de contrôle ?

Eh bien, on pourrait tout simplement par exemple, sauter du ballon !

C'est là que nous arrivons à l'histoire d'André-Jacques Garnerin (1769-1823) un savant et un militaire, qui avait toujours été attiré par le vol. Il avait suivi durant sa jeunesse les exploits des montgolfières et les premiers essais de parachutes. Ces premiers parachutes, tous dus à des inventeurs français, étaient dérivés du concept de parapluie, avec des rayons partant du centre.

Dessin technique du parachute de Garnerin.

Garnerin était convaincu que ce dispositif pouvait être perfectionné, autorisant un adulte à sauter en toute sécurité de plus de 1 000 m d'altitude. Il disposa de plusieurs années pour affiner ses plans, alors qu'il était prisonnier de guerre en Hongrie, au début des années 1790. Il envisagea même de réaliser un parachute pour s'évader de la forteresse dans laquelle il était enfermé !

Après avoir été libéré et ramené en France, Garnerin se lança dans la confection d'un grand parachute en soie dépourvue d'armature rigide. Empruntant un peu du savoir-faire de son compatriote Jean-Pierre

François Blanchard (voir page 111), Garnerin réalisa un parachute de 7 mètres de largeur, qui une fois replié, ressemblait à un parapluie refermé. Le 22 octobre 1797, il en fit la démonstration au Parc Monceau à Paris. Assis dans une nacelle à la base du para-chute, il s'éleva en montgolfière jusqu'à près de 1 000 mètres d'altitude. Il coupa alors la corde reliant la nacelle au ballon. Celle-ci descendit lentement vers le sol et se posa sans dommage. Lorsqu'il quitta la nacelle et fit quelques pas, les témoins de son périlleux exploit déclen-chèrent un tonnerre d'applaudissements.

Durant une quinzaine d'années à peu près, Garnerin et sa femme Jeanne-Geneviève démon-trèrent leurs talents de parachutistes en France et en Angleterre. Bien sûr, le potentiel catastrophique n'avait pas disparu, mais il se manifeste parfois de manière inattendue. Garnerin aurait pu périr à cause d'un parachute défcctueux refusant de s'ouvrir, mais contre toute attente, il mourut à Paris, heurté par une poutre lors de la construction d'un ballon.

LA CAUTION SCIENTIFIQUE

LE PRINCIPE DES PARACHUTES EST BASÉ SUR UNE force qui ralentit leur chute, la « résistance de l'air ». Ce terme explique bien par lui-même de quoi il s'agit : l'air est un milieu capable de s'opposer au mouvement des corps, en l'occurrence à la chute d'un objet.

En l'absence de résistance de l'air, tous les corps tomberaient de la même façon : une plume et un caillou, lâchés en même temps, arriveraient au sol simultanément.

Notre expérience quotidienne nous prouve le contraire : la plume se balance, s'envole au gré du moindre souffle. Il s'agit là d'une bonne démonstration de la résistance de l'air.

L'air, comme tout autre milieu, est constitué de briques élémentaires appelées molécules. Tout corps se déplaçant à travers l'air se heurte à ces molécules. Bien sûr, le mouvement d'objets tels qu'une balle de tennis, un crayon ou un œuf ne sont guère gênés par ces chocs, ils déplacent les molécules d'air et passent facilement. Ils sont en effet bien plus *denses* que l'air : un volume de caoutchouc, de bois ou d'œuf pèse plus lourd qu'un volume d'air identique.

En revanche, une plume est bien moins dense : elle ne l'est guère plus que l'air. Sa masse est répartie sur une surface très grande, et elle ne passe pas facilement à travers les molécules d'air. Garnerin, comme tout scientifique, concevait parfaitement la résistance de l'air et la voyait à l'œuvre chaque fois qu'une rafale de vent emportait un parapluie. Celui-ci ne résiste pas à la rafale et il faut s'y accrocher bien fort pour éviter qu'il ne s'envole.

CAILLOU

La masse des molécules d'un volume de pierre est bien plus grande que la masse du même volume d'air.

PLUME

La masse des molécules d'un volume de plume est voisine de la masse du même volume d'air.

Pour les scientifiques, les mêmes principes peuvent jouer en sens inverse. La même force qui emporte un parapluie dans la bourrasque peut ralentir sa chute, car sa masse est répartie sur une grande surface. L'une des premières expériences françaises consistait à laisser tomber du haut d'un arbre un chat attaché à un parapluie. Puisque tout se passait bien, un parapluie de plus grande taille — un parachute — pourrait ralentir la chute d'un homme.

Le parachute de Garnerin
EXPÉRIENCE 23

Cette expérience va vous permettre de jouer avec la résistance de l'air. Comme Garnerin, vous évaluerez la quantité d'air déplacée par un parachute de taille donnée. La taille recommandée du carré de plastique découpé dans un sac plastique sera suffisante pour déposer un œuf au sol sans qu'il se brise. Si vous êtes curieux, et si vous acceptez de casser quelques œufs pour l'amour de la science, vous pourrez tester des parachutes plus petits. À l'inverse, vous pourrez comparer la durée de chute quand on augmente la dimension du parachute.

VOUS AUREZ BESOIN DE :

- UN SAC-POUBELLE DE GRANDE TAILLE
- UNE PAIRE DE CISEAUX
- UN CRAYON
- UN GOBELET EN PLASTIQUE
- FICELLE
- 3 OU 4 ŒUFS

> **ATTENTION !**
> Vérifiez bien que personne ne se trouve au-dessous au moment où vous lâchez le parachute. Au cas où l'œuf se casserait, choisissez pour l'expérience un endroit où rien ne risquerait d'être taché ou endommagé par l'œuf cassé.

1 Découpez un grand carré de 60 cm de côté dans le sac plastique.

2 À l'aide du crayon, percez 4 petits trous à 5 cm de chaque coin du carré ; faites également 3 petits trous au centre du carré. Ces trous, permettant à un peu d'air de s'échapper par le haut, donneront de la stabilité au parachute. Les vrais parachutes ont de telles ouvertures vers le centre, pour éviter qu'ils se comportent comme des cerfs-volants, ou qu'ils soient emportés vers le haut par un coup de vent soudain.

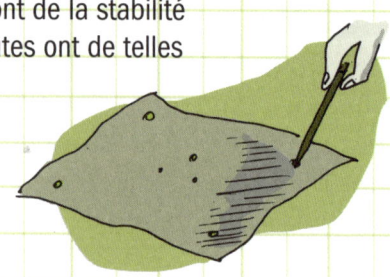

3 Réalisez soigneusement 4 petits trous régulièrement espacés, à 3 cm environ du bord du gobelet.

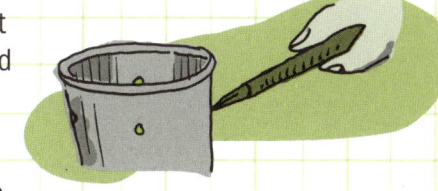

4 Coupez 4 longueurs de ficelle de 60 cm chacune.

5 Attachez bien l'extrémité de chaque ficelle au gobelet, en laissant le nœud vers l'intérieur du gobelet, pour éviter que la ficelle ne passe au travers.

6 Nouez l'autre extrémité de chaque ficelle à l'un des 4 trous aux coins du carré de plastique. Vous devriez obtenir à ce stade quelque chose ressemblant à un parachute.

7 Tenez le parachute par le centre, là où se trouvent les petits trous et placez un œuf dans le gobelet.

8 Emportez le parachute et sa charge à une fenêtre située à l'étage, tendez le bras vers l'extérieur et lâchez le parachute. Il devrait parvenir au sol sans que l'œuf ne se brise.

9 Si le jeu vous amuse, invitez des ami(e)s à réaliser leur propre parachute et faites un concours pour savoir lequel fera la chute la plus longue depuis la même hauteur.

George Stephenson et LE TRAIN À VAPEUR

EXCÈS DE VITESSE À 20 KM/H !

Pratiquement tout le monde a déjà pris le train ou a au moins vu les trains parcourant le pays de ville en ville. Dans bien des régions du monde, y compris une grande partie de l'Europe du Nord où beaucoup de grandes villes sont proches les unes des autres, le train est plus rapide que l'avion entre deux villes. Certains trains, en France comme au Japon, roulent quotidiennement à plus de 300 km/h.

Souvenons-nous pourtant que bien des gens (y compris des scientifiques !) ont dénoncé les premiers trains comme des dangers mortels. Pourquoi ? Parce qu'ils soumettraient les humains à des vitesses élevées (supérieures peut-être à

20 km/h !) auxquelles nos organismes ne seraient pas adaptés...

Plusieurs inventeurs, à la fin des années 1700 et au début des années 1800, ont commencé à expérimenter des moyens d'utiliser la « vapeur » pour propulser des véhicules. Des chaudières, c'est-à-dire des contenants fermés dans lesquels on fait chauffer de l'eau, étaient déjà en usage et leur technologie permettait la production de vapeur à haute pression en toute sécurité. C'était donc une étape naturelle que de songer à domestiquer la puissance de la vapeur en vue de propulser des chariots et des wagons sur des pistes adaptées. En 1794, William Murdoch fut le premier à proposer un prototype de véhicule à vapeur. Richard Trevithick, qui était son voisin, mit ce concept en application et créa le premier engin à vapeur. D'autres prirent la suite, en particulier en Grande-Bretagne, qui était en tête du progrès industriel : les premiers chemins de fer étaient en effet parfaits pour le transport de charbon ou d'autres matières. Il fallut cependant attendre George Stephenson pour étendre cette idée au transport de voyageurs. Il dut travailler dur — il apprit à lire à l'âge de 18 ans — pour sortir de sa condition de mineur, il étudia la mécanique et devint ingénieur.

Il construisit un train capable de transporter en montée 30 tonnes de charbon à la vitesse record de 6 km/h. Mais ce dont il rêvait vraiment était d'un train

À l'époque de Stephenson, la Grande-Bretagne était dans une période de progrès techniques nommée la **Révolution Industrielle**. Le mot « révolution » indique une rupture franche par rapport à la situation antérieure. Le mot « industrie » se réfère à un mode de production à grande échelle faisant un usage généralisé de machines. La Révolution Industrielle débuta en Grande-Bretagne vers la fin des années 1700 et se répandit à partir de là dans les autres pays.

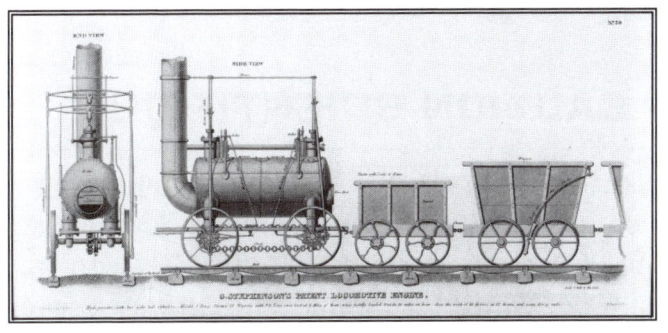

Dessin technique de la locomotive de George Stephenson
et de wagons de chemin de fer.

de voyageurs. Or à cette époque le public était très réticent vis-à-vis des nouveaux moyens de transport. Une des premières locomotives avait fait 16 victimes lors de l'explosion de sa chaudière en Angleterre en 1815. De plus, on craignait que les organismes des voyageurs ne supportent pas la vitesse et que les animaux paissant au voisinage des voies ne meurent de frayeur. Si l'on y ajoute les risques d'explosion de chaudière ou d'incendies dus au charbon utilisé pour produire la vapeur, les machines à vapeur étaient bel et bien considérées comme potentiellement catastrophiques.

En dépit de ces inquiétudes, Stephenson persévéra pour démontrer qu'il était possible de transporter des voyageurs. Il en eut l'occasion le 27 septembre 1825, en conduisant lui-même une locomotive tirant 80 tonnes de charbon, ainsi qu'un wagon avec six voyageurs baptisé « L'Expérience ». Le voyage, long d'une quinzaine de kilomètres, fut parcouru à près de 40 km/h. Est-il nécessaire de préciser qu'aucun des passagers ne souffrit des conséquences de ce voyage ?

Locomotive : machine capable de tirer sur des rails des wagons (pour les marchandises) et des voitures (pour les voyageurs). Si cette machine est électrique, on emploie plutôt le terme de « motrice ».

LA CAUTION SCIENTIFIQUE

LE TRAIN DE STEPHENSON ÉTAIT UN PRODUIT À LA fois de la science et de la technique. L'aspect scientifique n'est pas bien compliqué : lorsqu'on fait bouillir de l'eau, elle se transforme en vapeur capable d'exercer une pression dans toutes les directions. La technique de l'ingénieur intervient quand il s'agit d'obtenir une pression maximum, puis de la contrôler pour une application souhaitée.

Machine à vapeur primitive

Cheminée

Cylindres

Chaudière

Porte du foyer

Charbon

Foyer

Eau

Roues

Un train à vapeur comme celui de Stephenson comporte trois éléments principaux : la chaudière, les cylindres et les roues motrices. L'eau est contenue dans un réservoir, et elle est chauffée jusqu'à ébullition par un foyer alimenté par du charbon. Des tubes métalliques conduisent l'eau à la chaudière, puis au foyer jusqu'à la cheminée. Un wagon séparé (le « tender ») contient le charbon. Dans les vieux films on voit parfois un cheminot jeter des pelletées de charbon dans le foyer ; tout se passait manuellement. Il fallait effectivement alimenter régulièrement le feu, afin de maintenir l'eau en ébullition pour produire de la vapeur. Ce n'est pas une surprise, une machine à vapeur ne marche que grâce à l'action de la vapeur ! La vapeur d'eau sous pression entre dans les cylindres, provoquant le mouvement de haut en bas des pistons (sorte de bouchons coulissant dans les cylindres). Les pistons sont articulés sur de longs bras, reliés aux roues et les faisant tourner. Après avoir activé les pistons, la vapeur s'échappe par la cheminée. C'est ce qui provoque le panache de fumée blanche, ainsi que le bruit « tchou-tchou-tchou » caractéristique du train à vapeur.

La canette à vapeur de Stephenson
EXPÉRIENCE 24

Des quantités d'expériences pourraient illustrer le principe de l'augmentation du volume d'un gaz quand on le chauffe. Celle-ci consiste à faire bouillir une petite quantité d'eau dans une canette qui s'emplira alors de vapeur, chassant l'air qui y était contenu. Puis la canette sera plongée dans de l'eau froide : la température de la vapeur baissant brusquement, elle se condense (la vapeur redevient de l'eau liquide). Mais comme le volume d'eau obtenu est beaucoup plus faible que celui de la vapeur (la densité de l'eau est bien plus élevée que celle de la vapeur), la canette se retrouve vide, puisque l'air en avait été chassé par la vapeur. Les parois de la canette ne peuvent plus résister à la pression atmosphérique (la pression de l'air ambiant, transmise par l'eau de la casserole), la canette s'écrase donc bruyamment.

VOUS AUREZ BESOIN DE :

- UNE CUISINIÈRE
- UNE POÊLE
- UNE GRANDE CASSEROLE
- EAU

- UNE CUILLER À SOUPE
- UNE CANETTE DE BOISSON GAZEUSE VIDE
- GANTS ISOLANTS

ATTENTION !

Cette expérience, nécessitant l'emploi d'une cuisinière, d'une poêle chaude et d'eau bouillante, doit obligatoirement être effectuée par un adulte !

1 Faites chauffer la poêle sur la cuisinière à gaz ou électrique.

2 Pendant ce temps, versez environ 3 cm d'eau dans la casserole.

3 Versez une cuiller à soupe d'eau dans la canette.

4 Posez la canette dans la poêle en utilisant un gant isolant et écoutez les bulles formées par l'eau en ébullition.

5 Laissez la canette dans la poêle pendant encore une minute et utiliser les gants isolants pour la plonger à l'envers (ouverture vers le bas) dans la casserole d'eau froide.

6 Ce faisant, il faut prendre garde à ne pas recevoir la moindre goutte d'eau bouillante s'échappant de la canette !

7 La canette devrait s'écraser rapidement sur elle-même, en émettant un fort craquement.

— 1854 —

Le frein de sécurité des
ASCENSEURS OTIS

POUR LUTTER CONTRE LA CLAUSTROPHOBIE ET LA PEUR DE TOMBER...

La première exposition internationale de New York s'est tenue au Crystal Palace de 1853 à 1854, un vaste bâtiment aux parois de verre situé à Bryant Park. Elle y accueillit plus d'un million de visiteurs, présentant les dernières inventions, les modes les plus récentes et les articles incontournables. Bien sûr, le plus grand organisateur de spectacles de l'époque, P. T. Barnum trouva cet endroit idéal pour y abriter son Exposition Mondiale itinérante.

Barnum était tout spécialement désireux de faire connaître les réalisations d'un ingénieur qui avait fondé une entreprise d'ascenseurs : il s'appelait Elisha G. Otis. Fils d'un agriculteur du Vermont, il s'était installé à New York. Il arriva à l'Exposition avec une invention qui allait changer l'apparence même de sa ville d'adoption. Même Barnum, dont le goût pour l'exagération n'était pas le moindre des défauts, avait été incapable d'évaluer à sa juste mesure ce qu'Otis allait montrer.

Otis grimpa sur une plate-forme munie de cordes menant à un système de poulies. Au signal d'Otis, ses assistants tirèrent sur les cordes, et la plate-forme (en quelque sorte un ascenseur ouvert) commença à monter. Rien d'extraordinaire à cela : bien des usines utilisaient ainsi des palans, pour hisser des marchandises aux étages supérieurs.

L'élévateur continua son ascension, jusqu'à ce qu'Otis se retrouve à une vingtaine de mètres au dessus du public. Otis se pencha calmement, ramassa un long couteau dissimulé à ses pieds et se mit à couper méthodiquement la corde soutenant la plateforme. L'assistance retint son souffle puis — *clac* — la corde étant sectionnée, l'ascenseur commença sa chute. Un cri d'horreur s'éleva... mais la plateforme se bloqua sur place.

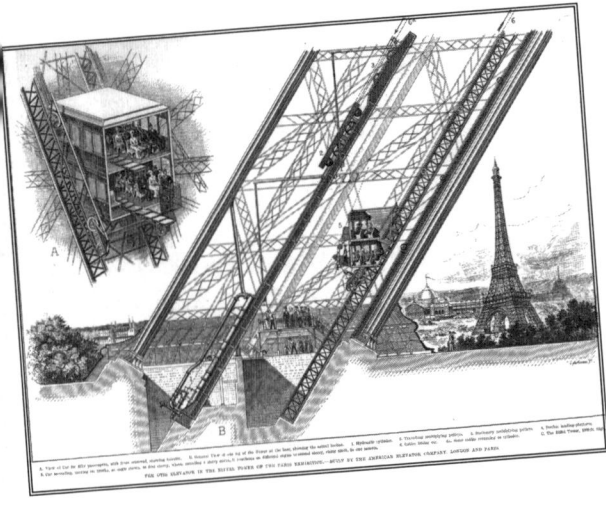

« Tout va bien, mesdames et messieurs, tout va bien. » Otis venait seulement de réaliser une démonstration — mais

Le frein d'ascenseur d'Otis en fonction à la Tour Eiffel.

de quelle manière ! — du frein de sécurité pour ascenseur. Les élévateurs existaient depuis des dizaines d'années et Otis avait lui-même travaillé dans un entrepôt utilisant un de ces appareils. Mais à cause du risque toujours possible d'une rupture de corde envoyant au sol l'élévateur et sa charge, ces appareils étaient toujours considérés comme des catastrophes potentielles. On ne pouvait confier des vies humaines à du matériel aussi imprévisible.

L'invention d'Otis procurait justement le type de sécurité réclamé par les architectes pour construire des bâtiments toujours plus hauts. Plus de limite au nombre d'étages, plus de craintes de tomber comme des pierres. Grâce à Elisha Otis, l'âge des gratte-ciel venait de débuter.

Bien qu'il s'agisse à l'origine d'un terme maritime, le mot gratte-ciel fut tout d'abord utilisé pour désigner les grands bâtiments construits à New York et Chicago à la fin des années 1880.

LA CAUTION SCIENTIFIQUE

DANS LES GRANDS BÂTIMENTS, ON OBSERVE souvent la mention « Ascenseurs Otis », ce qui porte souvent à croire qu'Otis aurait inventé l'ascenseur. En réalité, les ascenseurs existaient de longue date, depuis le moment où l'on songea à employer des cordes et des poulies pour soulever ou ramener au sol des charges trop lourdes pour être manœuvrées autrement.

Selon l'architecte romain Vitruve, qui vivait il y a 2 000 ans environ, le savant grec Archimède inventa l'ascenseur au IIIᵉ siècle avant notre ère. On rapporte que le roi Louis XV disposait d'une « chaise volante » installée dans sa cheminée, qui pouvait être montée ou descendue par des serviteurs. Les poulies, les treuils, les palans, les cordes et les câbles étaient en usage des siècles avant qu'Otis entre en scène.

Mais Otis apportait une technique particulière. De nouvelles techniques permettaient de réaliser des ascenseurs transportant plus haut des charges plus lourdes : ces ascenseurs utilisaient des contrepoids équilibrant la charge de l'autre côté de la poulie. Ce contrepoids avait une masse égale à celle de l'ascenseur à demi chargé, facilitant grandement sa manœuvre.

Le même principe se retrouve dans une balançoire à bascule. Quand une personne est installée d'un côté, il est plus aisé de soulever celle qui se trouve de l'autre côté. Bien sûr, si une personne pesant 150 kg fait face à une autre de 30 kg, ce n'est pas du tout équilibré et la personne la plus légère se retrouve forcément en l'air.

En résumé, la mécanique de montée et de descente des ascenseurs était bien connue lorsqu'Otis fit sa fameuse démonstration pour Barnum. Mais comment arriva-t-il à sa grande innovation du frein ? Pour parer à l'aspect potentiellement catastrophique, Otis ménagea une série d'encoches sur le côté de l'arbre de l'ascenseur. La cabine de l'ascenseur était équipée de dents, constituant avec les encoches un engrenage capable d'arrêter l'ascenseur. Les dents pouvaient sortir et se loger dans les encoches, ou bien se rétracter.

Dans les conditions habituelles, lorsque la cabine se déplace à vitesse normale, les dents de sécurité sont rétractées. Mais si elle descend trop rapidement, un ressort libère les dents, qui bloquent la cabine sur place.

La compagnie des ascenseurs Otis eut un énorme succès après la fameuse démonstration de 1854. Otis mourut subitement de maladie en 1861, bien avant de voir la métamorphose des villes modernes qu'autorisait son invention. Mais son succès se prolonge encore, avec plus de 1,8 millions d'ascenseurs Otis fonctionnant dans le monde.

EXPÉRIENCE 25

Dans cette expérience, vous exercerez vos talents à la construction d'un ascenseur. Les matériaux se trouvent chez vous — à condition bien sûr qu'il y ait dans votre entourage quelqu'un pratiquant la couture ! Il vous faudra en effet des bobines de fil vides, jouant le rôle des poulies, ainsi qu'une simple ficelle en guise de câble.

Cet ascenseur utilisera plusieurs des principes mis en œuvre à l'Empire State Building à New York et dans d'autres gratte-ciel, y compris le contrepoids (une clé dans ce cas). Vous pourrez même y placer un personnage et mettre en scène la démonstration d'Elisha Otis de 1854 : mais alors n'oubliez pas l'indispensable frein de sécurité !

VOUS AUREZ BESOIN DE :

- UNE PLAQUE DE CONTREPLAQUÉ D'ENVIRON 60 CM X 90 CM

- 6 BOBINES DE FIL VIDES

- 6 CLOUS, PLUS LONGS QU'UNE BOBINE, ASSEZ FINS POUR PASSER PAR LE TROU D'UNE BOBINE

- UN CARTON À CHAUSSURES

- UN MARTEAU

- FICELLE

- UNE PAIRE DE CISEAUX

- UNE CLÉ ASSEZ LOURDE POUR SERVIR DE CONTREPOIDS

ATTENTION !

Il est préférable de faire le travail avec le marteau et les clous à l'extérieur. Seule la pratique vous familiarisera avec ce genre de bricolage : les ficelles, les clous et les bobines seront vos amis si vous vous montrez patient !

Une fois terminé, l'ascenseur devra être fixé au contreplaqué, qui sera appuyé à un mur de manière à être aussi vertical que possible et dont l'un des côtés étroits sera posé au sol.

1 Posez la plaque de contreplaqué par terre et clouez une rangée de 4 bobines, à 8 cm de ce qui sera le bord supérieur de la plaque (l'un des côtés étroits). La première bobine, que nous désignerons par le numéro 1, devra se situer à 15 cm environ du bord gauche. Les autres bobines (2, 3 et 4) devront se trouver à peu près à 10 cm l'une de l'autre.

2 Clouez les deux dernières bobines (5 et 6) à 8 cm environ du bord inférieur de la plaque, de sorte qu'elles soient alignées avec la 1 et la 2.

3 N'enfoncez pas complètement les clous : les bobines doivent rester libres de tourner.

4 Percez deux petits trous à 2 cm l'un de l'autre environ, sur les deux côtés longs du carton à chaussures, qui constituera la cabine de l'ascenseur.

5 Posez la cabine, côté ouvert vers le haut, sur le contreplaqué à mi-distance entre les deux rangées de bobines.

6 Coupez un morceau de ficelle de 1,50 m environ, faites-en passer une extrémité par les trous du bas de la cabine et faites un nœud. Ce sera la « ficelle du plancher ».

7 Coupez encore deux morceaux de ficelle de 60 et 90 cm, et enfilez-les par les trous du haut de la cabine, en terminant par des nœuds. Ce seront les « ficelles du plafond ».

8 Faites passer la « ficelle du plancher » sous les bobines 6 et 5, puis en haut vers la bobine 1 (en faisant deux tours), puis sur la bobine 2.

9 Attachez cette « ficelle du plancher » à la plus courte des deux « ficelles du plafond ».

10 Faites passer la plus longue des « ficelles du plafond » vers le haut, par-dessus les bobines 3 et 4, jusqu'à mi-chemin du bas. Coupez la longueur de ficelle en trop et attachez la clé à cette extrémité.

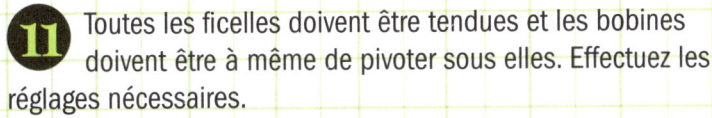 Toutes les ficelles doivent être tendues et les bobines doivent être à même de pivoter sous elles. Effectuez les réglages nécessaires.

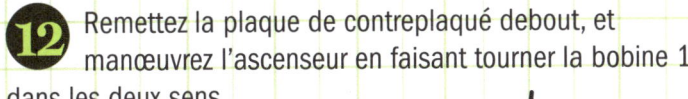 Remettez la plaque de contreplaqué debout, et manœuvrez l'ascenseur en faisant tourner la bobine 1 dans les deux sens.

Une révolution :
L'ÉVOLUTION SELON DARWIN

UN PETIT PAS POUR LE SINGE...

À la fin des années 1850, la Grande-Bretagne était le pays le plus puissant du monde. Elle venait de remporter la guerre de Crimée et était en paix. Elle disposait d'un empire considérable, « sur lequel le Soleil ne se couchait jamais ». Ses usines dominaient l'industrie de l'époque et grâce à sa flotte, elle avait la maîtrise des mers, pouvant exporter ses marchandises aux quatre coins du monde.

Devinez ce qui, en 1859, fit voler en éclats ce paisible tableau ? Un livre. Son auteur n'avait rien d'un révolutionnaire incitant les travailleurs à exiger leurs droits, ou bien à menacer la vie de la Reine Victoria. Il appartenait à la bourgeoisie campagnarde. Son entourage rêvait plus de cricket

ou de réunions autour d'un thé, qu'à une révolution.

Cet homme était Charles Darwin, et son œuvre continue de changer et pour mieux dire, de chambouler notre vision du monde. En 1859, Darwin publia un ouvrage scientifique intitulé *De l'origine des espèces*. Ce livre était le fruit de dizaines d'années de recherches menées par Darwin aussi bien en Grande-Bretagne, qu'au cours de voyages en Amérique du Sud et à travers les îles du Pacifique. Il y exposait la théorie que les plantes et les animaux doivent évoluer, changer au fil des générations, pour s'adapter à leur environnement. Cette adaptation passe par le processus de sélection naturelle : seuls les organismes les mieux adaptés à leur environnement survivent, et transmettent leurs caractéristiques à leur descendance, assurant ainsi la survie de l'espèce.

Charles Darwin a écrit *De l'origine des espèces*, livre qui a bouleversé la façon de concevoir l'humanité. Sa première publication date de 1859.

La publication de ce livre fit si grand bruit qu'on ne peut le comparer qu'à celui provoqué par Galilée (voir pages 69-73) soutenant que la Terre n'était pas le centre du monde. Comme dans ce cas, l'opposition principale était menée par l'église (dans le cas de Darwin, il s'agissait de l'Église d'Angleterre, pas du Vatican). Beaucoup de membres de cette église avaient foi en la vérité littérale de la Bible, qui tenait lieu d'explication dans tous les cas. Pour ces croyants, Dieu avait créé le monde, y compris l'homme, en seulement six jours.

Certains croyants avaient calculé l'âge de la Terre, à partir des données fournies par la Bible. C'est ainsi que beaucoup de membres de l'Église d'Angleterre acceptaient le point de vue exprimé au XVIIe siècle par l'évêque Ussher. Il avait trouvé que la création remontait au dimanche 23 octobre -4004. L'idée que la Terre pourrait avoir des millions (et même des milliards) d'années était potentiellement catastrophique pour les croyants : si la théorie de l'Évolution prouvait que la Bible se trompait sur l'âge de la Terre, tout risquait d'être remis en question !

Moi, je pourrais être apparenté à... des humains ? Mais c'est un scandale !

LA CAUTION SCIENTIFIQUE

LA CLÉ DE L'ŒUVRE DE DARWIN EST DANS SON TITRE — son titre intégral, trop souvent abrégé : *De l'origine des espèces au moyen de la sélection naturelle, ou la préservation des races les meilleures dans la lutte pour la vie.* Le cœur de ce long intitulé tient en deux mots : « sélection naturelle ». Cette idée est souvent résumée dans l'expression : « survie du plus apte », ou parfois « survie du mieux adapté ». Un organisme sain (plante ou animal) a plus de chances de se reproduire, donc son espèce d'être conservée. La transmission des caractères (qualités ou défauts) d'un être vivant à sa descendance se fait par l'intermédiaire de ce que l'on nommera plus tard « les gènes », terme qui date du début du XXe siècle.

Avant de publier que cette loi était d'application générale, Darwin l'a patiemment vérifiée à propos de toutes sortes d'espèces vivantes ou fossiles — plantes, insectes, oiseaux. Il a même passé huit années à étudier l'évolution de petits crustacés, les bernacles.

Les raisons de la survie proviennent du seul hasard. Par exemple, les girafes primitives étaient en concurrence avec d'autres espèces pour se nourrir de feuilles. Une mutation (modification des gènes due au hasard) a pu donner à une girafe un cou plus long que les autres individus. Cet avantage aurait rendu cette girafe plus apte à survivre, donc à transmettre à sa descendance le gène muté correspondant à la longueur du cou. La mutation génétique étant due au hasard, elle est peut-être favorable ou défavorable.

Naturellement, Darwin dut faire face à des critiques lorsque ses lecteurs prirent conscience que ses conclusions s'appliquaient à l'évolution humaine : plutôt que le résultat de la création divine, l'homme dérivait, tout comme les singes, de mammifères plus primitifs, vivant il y a plusieurs millions d'années.

Les idées de Darwin ne lui apparurent pas en songe : elles étaient fondées sur ses observations d'organismes actuels ou fossiles. Les fossiles sont des restes d'êtres qui vivaient il y a longtemps, en partie conservés au fil des temps. Après la mort, les tissus mous deviennent la proie d'autres êtres vivants, puis ce qui en reste se décompose. C'est ainsi que les vers, au corps intégralement mou, ne se fossilisent pas, ne laissant aucune trace. Par contre, pour d'autres organismes, il subsiste des éléments durs (coquilles, dents, squelettes). Des couches de terre et de sable les recouvrent, les protégeant du vent et de la pluie. De l'eau s'infiltre à travers ces couches, apportant des minéraux qui se déposent sur ce qui subsiste de ces organismes, par un processus nommé osmose. C'est ainsi que du calcium ou de la silice se substituent aux matériaux initiaux, et que se forme une réplique exacte de l'élément original, mais durcie et capable de traverser le temps : un fossile.

Osmose : processus chimique au cours duquel des molécules d'une solution passent à travers une couche de matière ou une membrane, de sorte que les molécules se concentrent de l'autre côté de la couche.

Le fossile de Darwin
EXPÉRIENCE 26

Cette expérience vous permettra d'accélérer (disons de quelques millions d'années, à un siècle près...) le processus naturel de fossilisation : vous obtiendrez un fossile au bout d'une semaine !

Le secret est d'utiliser une éponge. Comme vous le savez, une éponge est capable d'absorber beaucoup d'eau. Vous allez la « fossiliser » à l'aide d'une solution de sels de bain, qui va traverser la couche de sable dont vous aurez recouvert l'éponge. Cette solution va s'infiltrer et descendre à travers l'éponge, avant d'être absorbée, en remontant du moule par osmose. Puis elle va s'évaporer, ce qui nécessitera d'en rajouter quotidiennement. À chaque évaporation, une partie des sels dissous se dépose. Au fil de ces dépôts, le fossile durcit un peu plus, jusqu'à ce que son aspect simule à la perfection celui d'un fossile de 40 millions d'années.

VOUS AUREZ BESOIN DE :

- UNE PAIRE DE CISEAUX

- UNE ÉPONGE DE BAIN

- UNE BARQUETTE EN PLASTIQUE DE MARGARINE, VIDE

- UN PETIT MOULE À GÂTEAUX

- SABLE FIN (CELUI D'UN BAC À SABLE CONVIENT BIEN)

- UNE CUILLER À SOUPE

- EAU CHAUDE

- UN PAQUET DE SELS DE BAIN

- UN BOL

ATTENTION !

Si votre fossile est encore un peu souple, laissez-le sécher un jour de plus.

1 Découpez aux ciseaux l'éponge pour lui donner une forme à trois dimensions : elle pourra figurer un « fossile » quelconque, dinosaure, dent de tigre ou coquillage. Il faut seulement vous assurer que sa taille est adaptée à la barquette en plastique.

2 Percez avec les ciseaux quelques petits trous dans le fond de la barquette et déposez-la dans le moule à gâteaux.

3 Mettez 2 cm de sable dans la barquette en plastique et déposez-y l'éponge en forme de « fossile ».

4 Recouvrez le tout d'une couche de 1 cm de sable.

5 Mélangez dans le bol quatre cuillerées à soupe d'eau chaude au même volume de sels de bain. Il faut que l'eau soit assez chaude pour dissoudre les sels. Versez cette solution sur le sable de la barquette.

6 Laissez la boîte cinq jours sur un rebord de fenêtre ensoleillé.

7 Renouvelez chaque jour l'étape 5.

8 N'ajoutez plus de liquide dans la barquette durant les deux jours suivants.

9 Retirez soigneusement votre fossile, qui devrait alors être parfaitement durci.

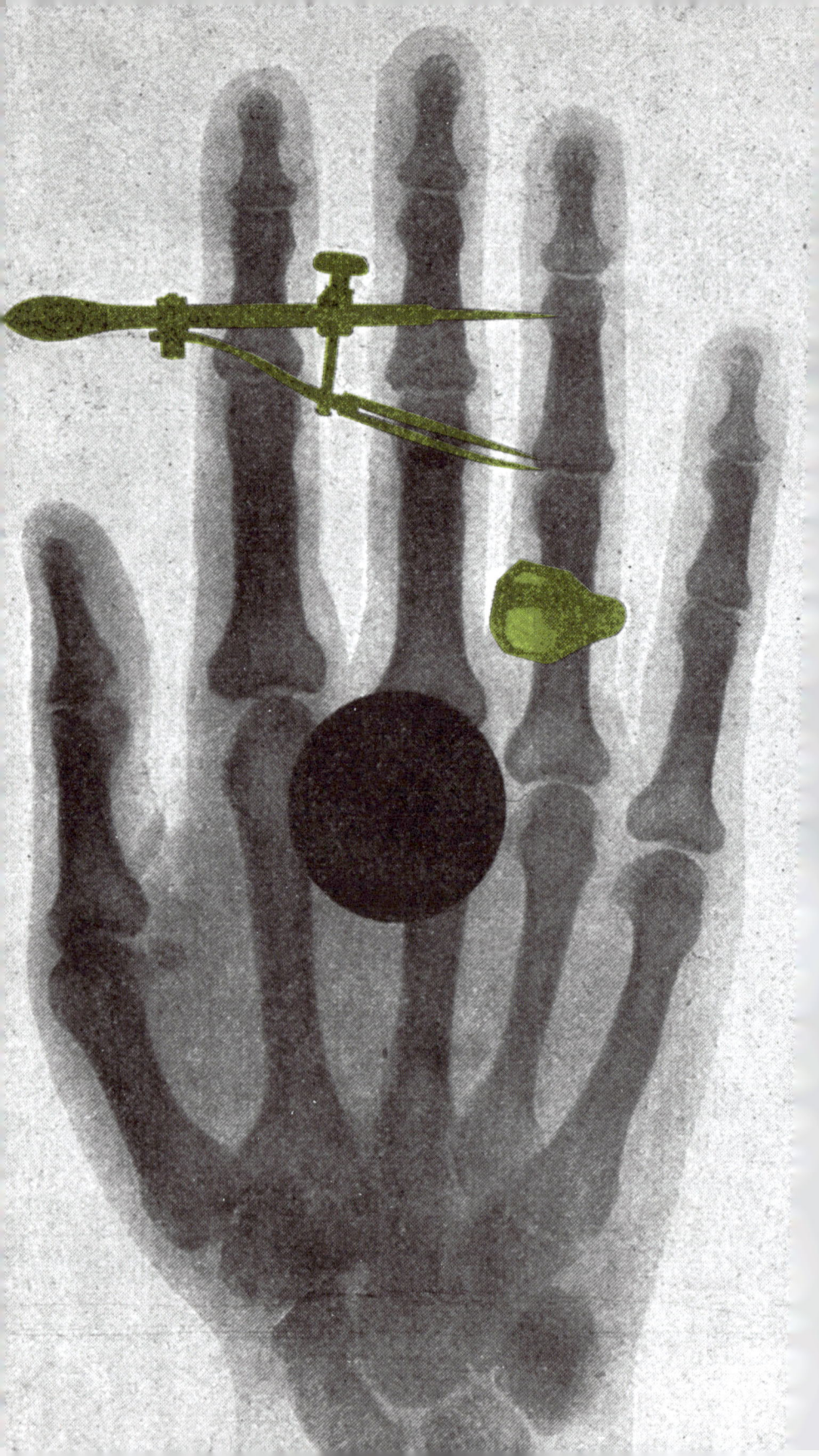

Röntgen découvre
LES RAYONS X

« J'AI VU MA PROPRE MORT »

Une célèbre photographie du physicien allemand Wilhelm Conrad Röntgen fait songer au stéréotype du savant fou : sa haute silhouette se penche sur une table, une lampe, qu'il agrippe de la main gauche, projette des ombres menaçantes sur son visage à la barbe en broussaille, où luit son regard aigu sous d'épais sourcils sombres. N'est-ce pas là un confrère du Dr Frankenstein, dont la propre créature monstrueuse serait hors du cadre de l'image ?

Loin de là : Röntgen, mari dévoué et homme généreux, avait toujours insisté pour que toutes ses découvertes médicales soient largement accessibles au public. Il fit même don à son université de la somme qu'il reçut pour le prix Nobel de physique, en 1901. Mais c'est aller trop vite, très en avance sur la fameuse anecdote de son épouse, qui a pu voir sa propre mort avant l'heure.

Wilhelm Röntgen au travail dans son laboratoire.

L'histoire débute le 8 novembre 1895. Röntgen est au travail dans son laboratoire. Comme la plupart des physiciens de la fin des années 1800, il étudie les rayonnements (déplacements d'énergie sous forme d'ondes ou de particules). Autour de lui, des tubes de verre vides d'air, soumis à des tensions électriques de plus de 1 000 volts ; ils peuvent émettre des rayons capables de franchir quelques centimètres à l'extérieur du tube, mais qui sont stoppés par tous les obstacles. Pour les détecter, des écrans fluorescents émettent une faible lumière jaune vert, au passage des rayons.

Au cours d'un de ses essais avec une tension de 5 000 volts, le savant n'en crut pas ses yeux : une lueur provenait d'un de ces écrans, qui se trouvait par hasard à deux mètres de là. Le tube était hermétiquement entouré d'épais carton noir. Aucun des rayons connus n'aurait pu passer : Röntgen nomma ceux-là « rayons X », la lettre X étant traditionnellement utilisée pour désigner une inconnue.

Durant plusieurs se-
maines, il s'enferma
dans son laboratoire
pour soumettre ces
rayons à toutes sortes
de tests : il vit qu'ils
étaient capables de
traverser un livre de
mille pages, et même
la chair de sa main,
mais qu'ils ne pou-
vaient pas traverser
les os. Juste avant
Noël, il fit venir son
épouse Anna Bertha et
prit une photographie

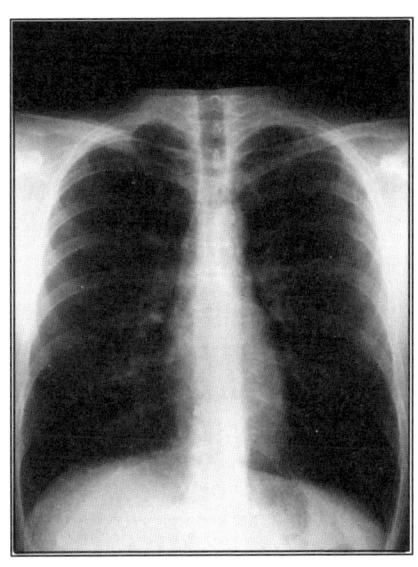

Une radiographie (photographie aux
rayons X) du thorax.

de sa main à l'aide des rayons X : on y distinguait
parfaitement ses os et sa bague. Cela remplit de joie
le savant, conscient de ce que cette technique allait
pouvoir apporter à la science. Sa femme, à la vue du
squelette de sa propre main, s'exclama : « J'ai vu ma
mort ! ».

La découverte de Röntgen ouvrait la voie à de nombreuses merveilles scientifiques, comme les appareils
à rayons X. Mais elle n'était pas dépourvue d'un
côté potentiellement catastrophique. Tout rayonnement possède de l'énergie ; lorsque celle-ci traverse
notre corps, elle peut y causer des dommages — tout
dépend de la quantité. Avec des doses appropriées
de certains rayons, on peut soigner des maladies des
cellules, telles que le cancer. Mais des doses massives
seraient mortelles. En quelque sorte, la réaction de
la femme de Röntgen était assez juste !

LA CAUTION SCIENTIFIQUE

LE MONDE SCIENTIFIQUE N'A PAS TARDÉ À PRENDRE conscience du rayonnement (c'est bien le cas de le dire !) que cette découverte allait avoir en médecine. Voir les os et les organes internes du corps humain était si important que beaucoup de scientifiques auraient aimé que l'on dise « rayons Röntgen », mais le découvreur insista très modestement pour qu'on continue à les appeler « rayons X ».

Les ondes électromagnétiques

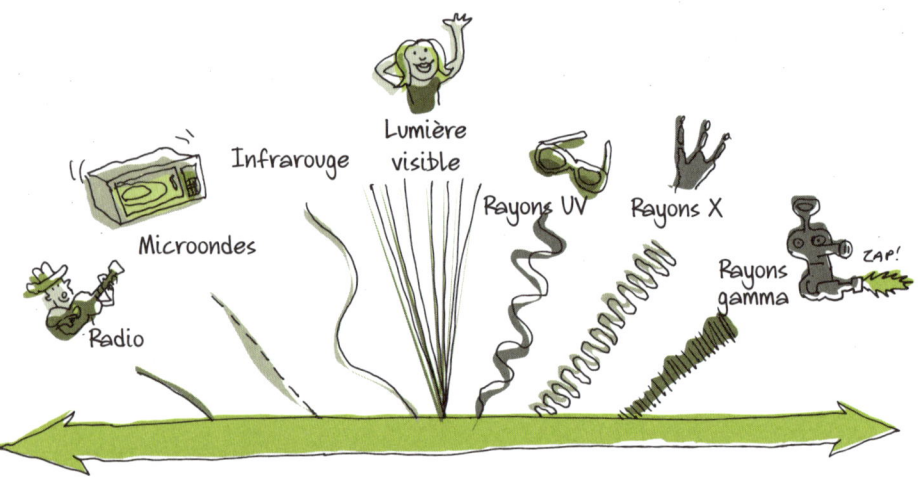

Mais que sont au juste les rayons X ? Ils appartiennent au très vaste spectre des « ondes électromagnétiques », dont le nom même dit bien l'origine et que les physiciens classent en fonction de leur longueur d'onde. La lumière visible en est l'exemple le plus évident. D'autres rayonnements électromagnétiques sont bien connus : les rayons infrarouges ou ultraviolets, les ondes radio, les rayons gamma. Certains d'entre eux sont d'origine naturelle, d'autres sont obtenus en bombardant différents matériaux par des électrons. Pour produire des rayons X, le meilleur choix est de bombarder du tungstène (un élément métallique très dur).

Toutes ces ondes partagent une importante caractéristique : leurs faisceaux vont dans toutes les directions au départ de leur source, comme le fait la lumière du Soleil. Ces ondes diffèrent selon les matériaux capables de les arrêter et cela dépend de la longueur d'onde. Faites l'expérience de regarder à travers votre main à l'aide d'une forte lampe de poche !

Les rayons X traversent nos chairs aussi aisément que la lumière visible passe à travers l'air ou l'eau. Ce sont les ombres des os que nous voyons nettement dans les radiographies, comme Anna Röntgen eut la surprise de le voir en décembre 1895.

Pendant longtemps, on ne pouvait obtenir d'images nettes aux rayons X que pour les os. Aujourd'hui, en demandant à leurs patients d'avaler certains produits opaques aux rayons X, ou en les injectant, les médecins peuvent obtenir des radiographies précises des vaisseaux sanguins ou d'autres régions « molles » de notre corps.

EXPÉRIENCE **27**

Cette expérience montre que même la lumière visible traverse partiellement le corps. La plus grande partie est absorbée, mais il en passe assez pour que l'on puisse distinguer l'ombre des os de la main. Le résultat ne peut pas être aussi spectaculaire qu'avec les rayons X, qui ne sont presque pas absorbés par les chairs, mais le principe est le même : seuls les os sont vraiment opaques aux rayons X et à la lumière visible. Il est toujours impressionnant d'observer une partie de son squelette.

VOUS AUREZ BESOIN DE :

- UNE PIÈCE DANS LAQUELLE IL EST POSSIBLE DE FAIRE UNE OBSCURITÉ COMPLÈTE

- UNE LAMPE TORCHE PUISSANTE (MAIS DE DIAMÈTRE PLUS RÉDUIT QUE LA PAUME DE VOTRE MAIN)

- DES AMIS POUR APPRÉCIER L'IMPRESSIONNANT RÉSULTAT

ATTENTION !

Certaines lampes peuvent devenir très chaudes. Si c'est le cas, retirez votre main avant de vous brûler, et éteignez la lampe. Par ailleurs, ne dirigez jamais la lumière vers les yeux de quiconque.

1 Arrangez-vous pour que la pièce soit aussi sombre que possible.

2 Allumez la lampe torche et dirigez-la vers le centre du mur, puis éteignez-la.

3 Mettez la paume de votre main contre la lampe, en gardant les doigts bien serrés.

4 Allumez la lampe et regardez l'image projetée sur le mur. Vous devriez pouvoir distinguer, au moins faiblement, les ombres des os de votre main. Si vous vous approchez du mur, l'« image » sera plus nette, mais plus petite. Si vous ne voyez rien sur le mur, il vous faut une lampe torche plus puissante, à moins que les piles de la vôtre n'aient tout simplement besoin d'être remplacées !

Les rayons X sont aussi des particules !
EXPÉRIENCE 28

Cette expérience vous donnera l'occasion de saisir la nature profonde des rayons X (et de tous les rayonnements, y compris la lumière visible). Ils se comportent comme des ondes et comme des particules. Vous utiliserez du sable, qui figurera l'aspect particulaire des rayons X. Une partie du sable versé sera bloquée par la forme mise en place, l'autre passera sans difficulté à travers la moustiquaire, comme les rayons X passent à travers nos chairs. Une fois la moustiquaire et la forme retirées, il subsistera une « ombre » qui, sans être aussi inquiétante que celle des os de la main de Madame Röntgen se sera formée de manière analogue.

VOUS AUREZ BESOIN DE :

- UN COUVERCLE DE CARTON À CHAUSSURES

- UN MORCEAU DE MOUSTIQUAIRE (PLUS GRAND QUE LE COUVERCLE)

- UNE PAIRE DE CISEAUX

- UNE FEUILLE DE BRISTOL

- UN CRAYON

- SABLE FIN

ATTENTION !

Il est préférable de faire cette expérience à l'extérieur pour éviter de renverser du sable sur le sol ou sur le tapis. Il faut choisir un moment sans vent ou un coin abrité pour que la forme découpée dans le bristol reste bien sur la moustiquaire.

1 Posez le couvercle de la boîte à chaussures sur le sol, rebord vers le haut.

2 Découpez un morceau de moustiquaire un peu plus grand que le couvercle.

3 Dessinez sur le bristol une forme quelconque (cercle, étoile...), plus petite que le couvercle de la boîte. Découpez cette forme dans le bristol.

4 Disposez la moustiquaire bien alignée sur le couvercle de la boîte. Posez la forme de bristol sur la moustiquaire, aussi proche du milieu que possible.

5 Saupoudrez du sable sur l'ensemble.

6 Enlevez la forme et la moustiquaire et vous verrez « l'image aux rayons X » de la forme.

Marie Curie
DÉCOUVRE LE RADIUM

SI GÉNIALE, QU'ELLE REÇUT DEUX FOIS LE PRIX NOBEL

Un lézard géant de 120 mètres avance pesamment vers Tokyo, balayant des immeubles à coups de queue, grillant la campagne de son souffle de feu. Des fourmis géantes grouillent dans les montagnes du Nouveau Mexique ; les habitants s'enfuient devant la menace. Des guêpes de la taille d'un bus terrorisent l'Afrique. En Californie, un homme rapetisse, au point de pouvoir se faufiler par le grillage d'une cave.

Toutes ces histoires sont heureusement imaginaires — elles sont tirées de films des années 1950 : *Godzilla*, *Des monstres attaquent la ville*, *Les monstres de l'enfer vert*, *L'homme qui rétrécit*. Ces scénarios jouent sur une peur bien réelle, celle des radiations — invisibles, mystérieuses, mortelles...

Il faut dire que dans ces années-là, on était encore marqué par la destruction d'Hiroshima et de Nagasaki par des bombes atomiques en 1945 (voir « La réaction en chaîne de Fermi », page 217). Durant les années suivantes, les survivants de ces terribles explosions souffraient toujours de maladies provoquées par les rayonnements dus aux bombes et finissaient par en mourir. Que sont donc ces rayonnements, et pourquoi sont-ils si dangereux ?

Pour répondre à ces interrogations, il faut revenir plus de cinquante ans en arrière, jusqu'aux recherches de Marie Curie, une grande savante française. Née à Varsovie (Pologne) en 1867, Maria Sklodowska partit à Paris faire des études de physique. Elle rencontra en 1894 le physicien Pierre Curie ; ils se marièrent l'année suivante. Les deux époux Curie étudièrent l'uranium, en collaboration avec Henri Becquerel. En 1896, ce dernier avait découvert par hasard que l'uranium émettait spontanément des rayons inconnus. Étaient-ils apparentés aux rayons X ? (voir page 163).

Marie constata que le minerai d'uranium émettait plus de rayons que l'élément uranium pur. Elle se lança à la recherche de leur origine. Elle créa le terme de radioactivité pour désigner l'émission spontanée de rayons. Ce phénomène se produit lorsque des éléments dont les noyaux se brisent d'eux-mêmes en émettant des rayonnements. En 1898, elle décou-

Marie Curie au travail dans son laboratoire.

vrit avec son mari deux autres éléments radioactifs, le radium et le polonium (nommé d'après le pays natal de Marie). Marie, Pierre Curie et Henri Becquerel reçurent le prix Nobel de physique en 1903 pour leurs travaux sur la radioactivité.

Prix Nobel : Alfred Nobel était un chimiste suédois devenu très riche en raison de l'invention de la dynamite. Supportant mal que sa découverte, destinée à des applications pacifiques, puisse servir d'arme de guerre, il a fondé des prix annuels dans les domaines de la science et de la paix. Depuis leur première attribution en 1901, les prix Nobel sont considérés comme des marques de la plus haute reconnaissance.

Le radium est employé dans le traitement du cancer par radiothérapie. Il a longtemps été utilisé en raison de sa luminescence (il brille dans l'obscurité). En 1911, Marie Curie a reçu un second prix Nobel (cette fois en chimie) pour avoir isolé le radium.

Mais le même rayonnement permettant de contrôler les tumeurs cancéreuses peut également nuire aux parties saines de l'organisme. Lorsque vous subissez une radiographie, il n'y a que la partie explorée de votre corps qui est soumise aux rayons X. Les opérateurs de la machine se mettent eux-mêmes à l'abri. Car nous savons maintenant qu'une exposition trop longue peut conduire à la « maladie des rayons ». Malheureusement, Marie Curie ne connaissait pas cette conséquence potentiellement catastrophique, et n'a jamais pris les précautions nécessaires pour se protéger. Elle se sentait constamment fatiguée et souvent déprimée. En 1934, elle mourut d'un cancer de la moelle des os causé par une exposition prolongée aux radiations.

LA CAUTION SCIENTIFIQUE

LA PHYSIQUE PERMET D'ÉTUDIER AUSSI BIEN LES objets les plus massifs (étoiles, galaxies...), que les plus minuscules (atomes, électrons, quarks...). Mais il est toujours question, à toutes ces échelles, de matière et d'énergie.

L'étude par Marie Curie de la radioactivité la mena au cœur même de la matière, à ces éléments qui constituent tout l'Univers. Il est important de prendre conscience qu'au moment même où elle proposait sa théorie de la radioactivité, de nombreux scientifiques doutaient encore de l'existence même des atomes (voir « l'atome d'Einstein », page 191).

Tout ce qui existe (les nuages, l'air, nos vêtements, nos dents...) est constitué d'atomes. Ceux-ci sont à leur tour composés de particules subatomiques encore plus petites (protons, neutrons, électrons...). Les protons portent une charge électrique positive. Avec les neutrons (de charge nulle), ils constituent les noyaux qui sont au cœur des atomes. Les électrons, de charge négative, tournent autour des noyaux — un peu comme les planètes tournent autour du Soleil. Globalement, les atomes sont neutres (de charge électrique nulle).

Les trois types de radioactivité sont désignés par les trois premières lettres de l'alphabet grec : **Alpha, Bêta et Gamma**. Les particules alpha correspondent à l'émission de deux protons et deux neutrons. Les particules bêta sont des électrons, formés lorsque l'un des neutrons se transforme en un proton et un électron. Le proton rejoint le noyau, mais le nouvel électron est éjecté à grande vitesse. Les rayons gamma sont des rayonnements électromagnétiques de plus grande énergie que les rayons X.

L'atome contient un même nombre de protons et d'électrons. Ce

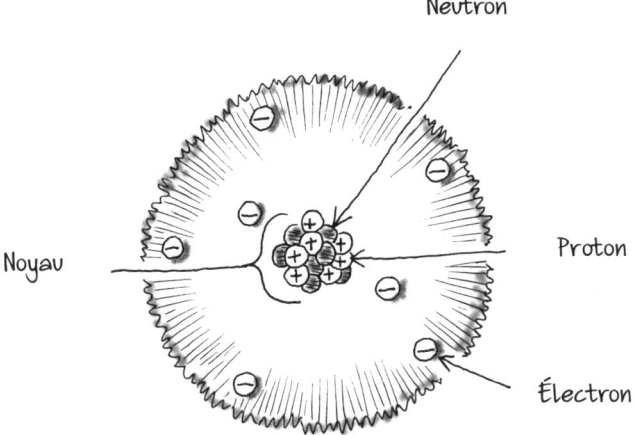

Neutron

Noyau

Proton

Électron

nombre s'appelle le « numéro atomique ». Il décrit de manière unique chaque élément chimique. L'élément le plus simple, l'hydrogène, n'a qu'un proton et un électron. L'or possède 79 protons dans son noyau et 79 électrons en orbite autour de lui.

Nous avons cité plus haut le neutron et précisé qu'il était de charge nulle (il est électriquement neutre). Il a pratiquement la même masse que le proton et est responsable de la stabilité des noyaux, grâce à une force nommée « interaction forte ». Sans la présence des neutrons, les noyaux exploseraient, car les protons, de charge positive, se repoussent entre eux. Les éléments les plus lourds (ceux dont les numéros atomiques sont les plus élevés) sont souvent instables, leurs protons et leurs neutrons s'agitent follement. De temps à autre, ils émettent une particule et reviennent à un état stable, d'énergie plus basse.

Cette libération d'énergie explique la radioactivité. Utilisée avec précaution, elle peut aider à traiter des maladies telles que le cancer. Mais une exposition prolongée aux radiations peut entraîner des maladies mortelles : ce fut le sort de Marie Curie et des survivants d'Hiroshima et de Nagasaki.

La période « radioactive » du pop-corn
EXPÉRIENCE 29

Les archéologues font appel à la désintégration radioactive pour déterminer l'âge des objets anciens. Ils utilisent la datation au carbone 14 pour étudier des restes d'êtres vivants. Ils mesurent la quantité d'un certain isotope du carbone (le carbone 14) dans ces restes, un os, du cuir, une dent.

Le carbone 14, comme tous les éléments radioactifs, se désintègre à une cadence constante. Tous les êtres vivants en contiennent une certaine quantité. Au fil du temps, cette quantité diminue par radioactivité. Dans le cas du carbone 14, cette décroissance est telle qu'au bout de 5 730 années (période de l'isotope en question), il ne reste plus que la moitié des atomes. Durant les 5 730 années suivantes, une autre moitié disparaît, et ainsi de suite. En déterminant la quantité de carbone 14 contenue dans un objet on peut en déduire son âge.

Sans y passer des milliers d'années, nous pouvons comprendre cette méthode en étudiant la période « radioactive » du pop-corn ! Comme le carbone 14, un grain de maïs sur une poêle chaude est en attente de passer dans un état plus stable, en éclatant. Comptez le nombre de grains au départ, puis trouvez le temps nécessaire pour que la moitié d'entre eux aient éclaté. Puis mesurez combien de temps il faudra pour que la moitié restante ait éclaté et ainsi de suite. Vous aurez ainsi la période du pop-corn. À la différence des archéologues, vous pourrez déguster le résultat de votre expérience !

ATTENTION !
Cette expérience doit nécessairement être effectuée sous la surveillance d'un adulte en raison des risques d'éclaboussures d'huile chaude.

VOUS AUREZ BESOIN DE :

- GRAINS DE MAÏS
- UN CRAYON
- UNE FEUILLE DE PAPIER
- UNE ASSIETTE VIDE
- UNE CUISINIÈRE ÉLECTRIQUE OU À GAZ
- UNE CUILLER À SOUPE D'HUILE POUR CUISSON
- UNE POÊLE À FRIRE
- GANTS ISOLANTS
- UNE MONTRE AVEC AFFICHAGE DES SECONDES
- UN(E) AMI(E) POUR CHRONOMÉTRER LES ÉTAPES

1 Comptez 16 grains de maïs et mettez-les de côté. Écrivez « 8 », « 4 », « 2 » et « 1 » sur une feuille de papier.

2 Posez l'assiette vide sur un plan de travail près de la cuisinière.

3 Chauffez une cuiller à soupe d'huile dans la poêle. Mettez-y prudemment les 16 grains de maïs et demandez à votre ami de démarrer chronométrage.

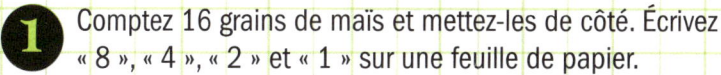

4 Comptez le nombre de grains qui éclatent (en sautant fort probablement hors de la poêle) ; annoncez à votre ami(e) lorsque 8 grains auront sauté, en lui demandant de noter le nombre de secondes écoulées à côté du « 8 » sur la feuille.

5 Continuez à surveiller et annoncez le moment où 4 des grains restants auront sauté. Faites marquer la nouvelle durée près du « 4 ».

6 Continuez à surveiller et annoncez le moment où 2 grains auront sauté. Faites marquer la nouvelle durée près du « 2 ».

7 Annoncez ensuite l'instant où l'un des deux grains restants aura éclaté et faites noter la durée.

8 Vous devriez constater que les durées notées à chaque étape ont approximativement la même valeur. Vous avez ainsi obtenu la « période radioactive » du pop-corn.

Les frères Wright et leur
MACHINE VOLANTE

QU'IL EST LONG LE CHEMIN DU RETOUR

Journal d'Orville Wright, 17 décembre 1903 : « Après avoir fait tourner le moteur et les hélices quelques minutes pour les chauffer, je suis monté sur l'appareil à 10 h 35 pour le premier essai… Le câble relâché, l'appareil a commencé à prendre de la vitesse, probablement jusqu'à une douzaine de kilomètres à l'heure. L'appareil s'éleva au-dessus du chariot juste en arrivant au quatrième rail. M. Daniels a pris une photo à l'instant où il a quitté la piste. »

« J'ai trouvé la gouverne de direction avant très dure ; étant équilibrée trop près du centre, elle avait tendance à pivoter sur elle-même au départ, de sorte qu'elle basculait trop loin d'un côté à l'autre. Par conséquent, l'appareil monta soudain de 3 m environ, puis aussi brusquement, en tournant la gouverne, il piqua vers le sol. Ce brutal piqué, à environ 30 m de l'extrémité des rails, a mis fin au vol. Durée 12 secondes environ (on ne sait pas exactement, car le chronomètre n'a pas été arrêté immédiatement). »

Ces mots, tout empreints de calme et d'objectivité, ont été écrits par Orville Wright en cette journée historique où il a réalisé le premier vol motorisé. Orville et son frère Wilbur avaient changé en réalité le rêve millénaire de l'humanité : voler comme un oiseau.

Les frères Wright avaient un atelier de vélos à Dayton, dans l'Ohio. Dans les années 1890, les bicyclettes étaient des inventions nouvelles et audacieuses, mais les deux frères visaient plus loin, plus haut. Ayant étudié le vol des oiseaux et leur manière de planer, ils ont utilisé ces observations pour construire des planeurs assez grands pour porter un adulte. En 1903, ils étaient prêts à tester ces planeurs ; ils ont choisi comme site d'essai Kitty Hawk, en Caroline du Nord. Ils y ont effectué plus de 700 vols en planeur.

Ils ont pris leurs planeurs comme base pour leur premier appareil à moteur, le Flyer ; en anglais, « to fly » signifie « voler » et ce fut en décembre 1903 que le Flyer mérita son nom. Chacun des frères désirait être le premier à voler, alors ils tirèrent au sort. Wilbur gagna, mais sa tentative du 14 décembre échoua. Puis ce fut le tour d'Orville qui devint, le 17 décembre, le premier homme à piloter un avion. Le vol ne dura que 12 secondes, mais des êtres humains avaient acquis la capacité de voler. Plus tard ce même jour, Wilbur eut droit à un autre essai : cette fois, il vola sur près de 250 m, pendant 59 secondes.

Les frères Wright ont passé le reste de leur vie à approfondir leur connaissance des avions et à construire de nouveaux modèles améliorés. Ils ont également consacré beaucoup de temps à effectuer des démonstrations de vol devant des spectateurs émerveillés, emmenant même des passagers. Puis, cinq ans après le premier vol à Kitty Hawk, la catastrophe frappa. Le 17 septembre 1908, Orville emmena le lieutenant Thomas E. Selfridge pour un vol à Fort Myers, en Virginie. Pesant 80 kg, Selfridge était le plus lourd des passagers transportés par les frères Wright. Au troisième tour du terrain de démonstration, l'avion fit des secousses. Orville essaya désespérément de reprendre le contrôle, l'avion piqua du nez à 20 m du sol. Orville eut de terribles blessures, mais il survécut. En revanche, Selfridge fut la première victime d'un accident d'avion.

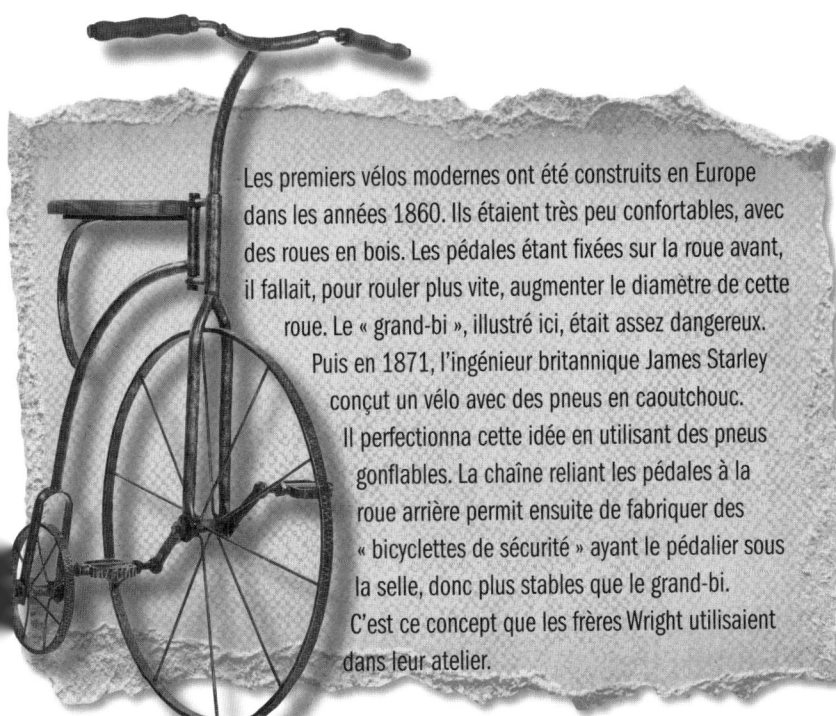

Les premiers vélos modernes ont été construits en Europe dans les années 1860. Ils étaient très peu confortables, avec des roues en bois. Les pédales étant fixées sur la roue avant, il fallait, pour rouler plus vite, augmenter le diamètre de cette roue. Le « grand-bi », illustré ici, était assez dangereux. Puis en 1871, l'ingénieur britannique James Starley conçut un vélo avec des pneus en caoutchouc. Il perfectionna cette idée en utilisant des pneus gonflables. La chaîne reliant les pédales à la roue arrière permit ensuite de fabriquer des « bicyclettes de sécurité » ayant le pédalier sous la selle, donc plus stables que le grand-bi. C'est ce concept que les frères Wright utilisaient dans leur atelier.

LA CAUTION SCIENTIFIQUE

LES FRÈRES WRIGHT N'ONT PAS ÉTÉ LES PREMIERS à imaginer qu'il est possible de construire un avion capable de décoller et d'atterrir par ses propres moyens. Ils n'ont peut-être même pas été les premiers à réaliser un tel appareil et à le piloter. Était-ce Melville M. Murrell au Tennessee en août 1877 ? Ou peut-être Richard Pearse en Nouvelle-Zélande le 31 mars 1902 ? On se souvient des frères Wright parce que leurs projets étaient clairs, qu'ils ont eu des témoins et ont continué à fabriquer des avions. Mais Murrell, Pearse ou toute autre personne qui aurait pu être le « premier » auraient dû utiliser la même science et les mêmes techniques que les frères Wright.

Melville M. Murrell, un inventeur du comté de Hamblen dans le Tennessee, a inventé un appareil appelé « **Flying American Machine** » en 1876. Il était actionné par le pilote qui opérait sur des cordes et des poulies pour entraîner les ailes à battre vers le haut et vers le bas. Charlie Cowan, employé chez Murrell, a effectué plusieurs vols de plus de 100 mètres en août 1877.

Richard Pearse a inventé un avion motorisé (ressemblant à un ULM actuel) en 1902. Il a suffisamment augmenté la puissance du moteur pour réussir quelques vols d'essai en mars 1903, neuf mois avant la réussite des frères Wright à Kitty Hawk. Bien que par son aspect l'appareil de Pearse pût sembler plus moderne que l'avion des frères Wright (il avait une aile de chaque côté et non deux), il est largement oublié parce que, contrairement à Orville et Wilbur, Pearse n'a jamais amélioré son invention initiale.

Les frères Wright, Murrell, et Pearse utilisaient tous un principe commun, l'aérodynamique. Pour que le vol soit possible, il faut équilibrer quatre forces : la portance, le poids, la poussée et la traînée. La portance, dirigée vers le haut, est la somme des forces permettant à l'avion de décoller et de se maintenir en l'air. C'est la forme des ailes qui permet d'obtenir la portance. Le poids est dû à la gravité qui attire toutes les masses

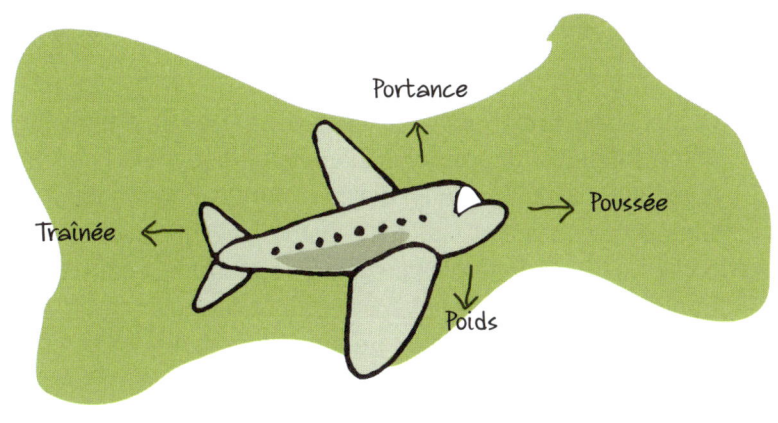

vers le centre de la Terre. La poussée est une force dirigée vers l'avant. Aujourd'hui, ce sont des hélices ou des moteurs à réaction qui fournissent la poussée ; à l'origine, les inventeurs avaient utilisé le pédalage d'un vélo pour obtenir la poussée nécessaire (rien d'étonnant à ce que les frères Wright aient été des fabricants de bicyclettes !). Une fois en l'air, un avion continue à avoir besoin d'une poussée, sinon il « décroche », perd son pouvoir ascensionnel et tombe. La quatrième force est la traînée, c'est la somme des forces dirigées vers l'arrière, essentiellement due à la résistance de l'air. C'est la combinaison de ces quatre forces qui maintient le vol régulier d'un avion. La portance équilibre le poids et la poussée équilibre la traînée lorsque l'avion vole à vitesse constante. L'avion tombe si cet équilibre des forces cesse d'être réalisé.

Le mot aérodynamique vient de deux mots grecs « **aeros** », qui signifie « air » et « **dynamis** », qui signifie « puissance ».

L'aérodynamique d'Orville
EXPÉRIENCE 30

Cette expérience est consacrée à la première force aérodynamique, la portance. Elle montre comment la portance fonctionne avec une aile d'avion, par une interaction entre vitesse et pression. Le principe est le suivant : plus la vitesse de l'air est grande, moins il exerce de pression. On doit cela à Daniel Bernoulli, le savant suisse qui l'a formulé au XVIIIe siècle. Une aile d'avion possède un profil particulier : sa surface supérieure est légèrement incurvée alors que la face de dessous est plate. Quand un avion se déplace, l'air circulant sur la partie courbe doit aller plus vite que l'air du dessous pour le rattraper. Quand l'avion prend de la vitesse, la pression sur la face inférieure devient de plus en plus forte, jusqu'au décollage.

VOUS AUREZ BESOIN DE :

- PAPIER JOURNAL
- UNE PAIRE DE CISEAUX
- UN LIVRE À COUVERTURE RIGIDE
- UN VENTILATEUR
- UN CHEWING-GUM

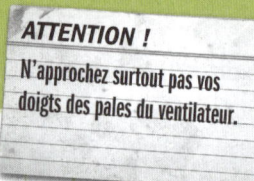

ATTENTION !
N'approchez surtout pas vos doigts des pales du ventilateur.

1 Découpez une bande de 30 cm sur 8 cm environ dans un journal.

2 Insérez-la dans le livre comme un marque-page, en la laissant dépasser à moitié.

3 Tenez le livre avec la bande en haut et déplacez vivement le bras. Le papier devrait se lever comme le prévoit le principe de Bernoulli.

4 Retirez le papier du livre et tenez-le par un de ses petits côtés à 30 cm environ d'un ventilateur. De nouveau, le déplacement d'air devrait le faire se dresser.

5 Collez un morceau de chewing-gum sur le bout du papier et tenez-le à nouveau près du ventilateur. Observez combien de petits morceaux de chewing-gum il faut ajouter sur le papier pour que ça cesse de fonctionner.

La machine volante de Wilbur
EXPÉRIENCE **31**

Vous allez avoir l'occasion de découvrir certaines des forces qui interviennent au cours d'un vol. Ce n'est pas le tout de faire décoller un avion, il reste encore à le diriger. Les pilotes le font en abaissant et en élevant des volets situés sur la voilure (c'est-à-dire les ailes de l'avion) et sur l'empennage (c'est-à-dire la queue). Sur la voilure, les volets sont des ailerons permettant de diriger l'appareil vers la droite ou la gauche. Sur l'empennage, les volets sont des gouvernes de profondeur contribuant à la descente ou à la montée. Votre avion de papier a seulement une aile de chaque côté et donc les volets dont vous disposerez auront une action en direction et en profondeur, mais pas simultanément.

VOUS AUREZ BESOIN DE :

- **4 FEUILLES DE PAPIER A4**
- **UNE PAIRE DE CISEAUX**
- **3 AMI(E)S**

ATTENTION !

Les avions de papier n'ont jamais causé de réels dangers. Prévoyez cependant des feuilles de papier supplémentaires ! L'un des avions peut toujours être endommagé, ou d'autres participants pourraient se présenter, vos parents, pourquoi pas ?

1 Vous et vos trois ami(e)s allez plier vos propres avions en papier, chacun illustrant un principe différent d'aéronautique. Pour commencer, vous allez tous réaliser exactement le même modèle. Pliez le papier en deux dans le sens de la longueur, puis repliez à plat vers le milieu un triangle, à 8 cm environ de l'extrémité.

2 Renouvelez l'opération, en pliant cette fois le nouveau triangle sur le premier, un peu plus qu'à mi-distance vers le bas de la longueur du papier.

3 Terminez en pliant une fois de plus, cette fois à mi-distance environ le long de chaque petit côté.

4 Faites quelques vols d'essai. Puis vous allez personnaliser vos avions. Vous tout d'abord, faites des incisions à environ 3 cm du bout de votre avion, de chaque côté, pour ménager des volets arrière sur les ailes. RELEVEZ ces deux volets.

5 Demandez à votre ami(e) n° 1 de faire exactement de même sur son propre avion, mais demandez-lui d'ABAISSER ces deux volets.

6 Demandez à votre ami(e) n° 2 de faire exactement de même sur son propre avion, mais demandez-lui de RELEVER le volet gauche et d'ABAISSER le volet droit.

7 Enfin, demandez à votre ami(e) n° 3 de faire exactement de même sur son propre avion, mais demandez-lui de RELEVER le volet droit et d'ABAISSER le volet gauche.

8 Placez-vous tous sur la même ligne. Comptez jusqu'à trois et lancez vos avions. Voici ce qui devrait se produire : l'avion n° 1 montera, car les volets jouent le rôle de gouvernes de profondeur ; l'air qui les frappe dirigera l'avion vers le haut. L'avion n° 2 descendra, car les gouvernes de profondeur, inclinées vers le bas, arrêteront le flux d'air inférieur, provoquant la descente de l'avion. L'avion n° 3 virera à droite et le n° 4 virera à gauche : dans ces deux cas, les volets joueront le rôle d'ailerons.

L'atome selon EINSTEIN

EINSTEIN ET L'ÉLÉPHANT HORTON

D ans le film *Horton*, tiré d'un livre du Dr Seuss, Horton l'éléphant entend le cri d'une personne pratiquement invisible, un habitant d'une ville bâtie sur un grain de poussière ! Horton est donc certain de l'existence d'une vie microscopique : « Il existait des gens de très petite taille, trop petits pour être vus par les yeux d'un éléphant. »

Mais nul dans la jungle ne veut croire Horton, jusqu'à ce que ce petit peuple s'arrange pour faire un tel chahut que personne ne peut plus douter de son existence. Ce n'est pas si loin de ce que réalisa Einstein en 1905, quand il publia un article intitulé :« Sur le mouvement de petites particules en suspension dans un liquide au repos, résultant de la théorie cinétique moléculaire de la chaleur ».

Jusqu'alors en effet, la plupart des gens n'avaient pas réellement compris que la matière — tout ce dont nous sommes faits, tout ce que nous voyons et touchons — est constituée de molécules si petites qu'elles sont invisibles à l'œil nu. Pourtant les esprits scientifiques étaient depuis longtemps parvenus à cette conclusion. Il y a environ 2 500 ans, les savants grecs avaient imaginé que toute chose, vivante ou inanimée, est constituée de particules invisibles, les atomes, du mot grec *atomos* (« indivisibles »). En Inde, les philosophes hindous, en s'interrogeant sur la nature de la matière, en sont aussi venus à une conception similaire.

Il aura fallu plus de 2 300 ans pour que ces idées grecques et indiennes donnent naissance à une théorie cohérente sur la constitution ultime de la matière : les atomes sont vraiment au cœur de l'Univers. Pourtant, au début du XXᵉ siècle, certains scientifiques ont commencé s'opposer à cette idée, car les nouvelles théories scientifiques de la chaleur leur semblaient contraires à cette hypothèse.

Théorie moléculaire : les scientifiques sont constamment en quête des éléments les plus fondamentaux de toute matière. Les molécules sont composées d'atomes, et les atomes sont constitués d'électrons, de protons et de neutrons. Ces deux derniers sont à leur tour composés de quarks. C'est le domaine de la physique des hautes énergies, car certaines des plus petites particules subatomiques (plus petites que l'atome) ne sont créées que lors de collisions à particules à très haute vitesse.

Einstein a rétabli la notion de l'existence réelle des atomes et des molécules en réconciliant les théories de la chaleur avec les lois du mouvement bien

Hiroshima : le monde a pris conscience de la puissance de l'énergie atomique le 6 août 1945, lorsque les États-Unis lancèrent une bombe atomique sur la ville japonaise d'Hiroshima. Cette bombe a libéré une puissance explosive équivalente à 13 000 tonnes de TNT, détruisant tout dans un rayon de 5 km. 140 000 personnes sont mortes à cause de l'explosion et des brûlures causées par le rayonnement.

établies de Newton (voir page 83). Cette contribution a donné des bases solides à la théorie stipulant que de minuscules atomes se combinent pour former des molécules, celles-ci à leur tour s'assemblant pour former les insectes, les arbres, les êtres humains, et même les planètes et les étoiles. Vous pouvez imaginer les atomes comme des pièces de Lego. Un groupe de pièces figure une molécule. Un grand nombre de ces groupes constitue un jouet (ou un organisme, si on est parti d'atomes).

Les scientifiques ont révélé que, contrairement à l'hypothèse des Grecs, les atomes ne sont pas indivisibles. Lorsqu'ils se fragmentent, ils libèrent d'énormes quantités d'énergie. Parfois, cette libération d'énergie peut être contrôlée (voir Fermi, page 217). D'autres fois, elle peut aboutir à des armes dévastatrices : c'est la version potentiellement catastrophique de l'énergie atomique.

LA CAUTION SCIENTIFIQUE

LA THÉORIE ATOMIQUE N'EST RESTÉE QUE CELA, une théorie, ou pire encore, elle est demeurée ignorée pendant de nombreux siècles après son invention en Grèce et en Inde. Il y a environ 900 ans, les scientifiques arabes ont repris cette théorie dans le but de montrer que la volonté de Dieu s'étendait même aux plus infimes particules.

Quand l'Europe a entamé au XVIe siècle sa révolution scientifique, l'observation et la théorisation se sont développées à l'échelle du continent. L'idée des atomes revint au goût du jour. Certains savants pensaient que les Grecs étaient sur la bonne piste, mais sans aucun moyen de savoir si c'était à tort ou à raison. Au XIXe siècle, les choses avancèrent assez rapidement. Le chimiste anglais John Dalton (1766-1844), travaillant sur des éléments chimiques tels que le carbone et l'oxygène, vit qu'ils se combinaient selon certains multiples de leurs poids respectifs. Dalton parvint ainsi en 1803 à sa théorie atomique : il proposa que chaque atome d'un élément particulier ait la même masse, différente de celle des atomes de tout autre élément.

En 1827, Robert Brown (1773-1858), botaniste écossais, remarqua que des grains de pollen mis dans un liquide transparent se comportaient étrangement, s'agitant au hasard, donnant l'impression d'être en vie, mais sans raison apparente. C'est cet effet mystérieux qui est appelé le mouvement brownien.

En 1905, le mouvement brownien fut la clé de l'avancée d'Einstein : il partit de l'idée que les mouvements des grains de pollen se produisaient au hasard des

Nous devons à Albert Einstein une grande partie de ce que nous savons de l'Univers.

chocs avec des molécules (et avec les atomes qui les composent). Il parvint à établir les lois statistiques de leurs déplacements aléatoires. Il put même en déduire la taille des molécules, d'après les observations du mouvement brownien. Il confirma ainsi la réalité des molécules.

Les extraordinaires capacités intellectuelles d'Einstein lui permirent ainsi de déterminer certaines propriétés des molécules. Mais durant cette même année 1905, Einstein fit bien d'autres découvertes, concernant la nature de la lumière, l'énergie énorme contenue dans la matière et l'étrange nature du temps. En 1916, après plus de dix années de travail, Einstein découvrit l'origine même de la gravitation, avec des conséquences sur le fonctionnement de l'Univers, le Big Bang, les trous noirs et la matière noire !

Magie des atomes
EXPÉRIENCE 32

Cette expérience a quelque chose de magique : ajouter 250 mL d'alcool isopropylique à 250 mL d'eau ne devrait-il pas donner 500 mL de liquide ? La réponse est non, car une partie des molécules d'alcool s'insère entre les molécules d'eau. C'est un peu comme si on versait 250 mL d'eau dans 250 mL de billes !

VOUS AUREZ BESOIN DE :

- EAU
- UN VERRE DOSEUR DE 250 ML
- UN RÉCIPIENT GRADUÉ DE 500 ML

- ALCOOL ISOPROPYLIQUE (POUR MASSAGES)
- LUNETTES DE PROTECTION

ATTENTION !

Ne laissez pas de jeunes enfants s'approcher de l'alcool. Mettez vos lunettes de protection lorsque vous versez l'alcool.

1 Mesurez soigneusement 250 mL d'eau et versez-la dans le récipient de 500 mL. L'expérience ne marche que si vos mesures sont bien exactes.

2 Mesurez soigneusement 250 mL d'alcool isopropylique et ajoutez-la à l'eau. À nouveau, soyez exact.

3 Mesurer précisément le volume contenu dans le récipient : il devrait être inférieur à 500 mL.

Mouvement brownien
EXPÉRIENCE 33

Cette expérience montre que les molécules se déplacent spontanément, même si nous ne le voyons pas. Pensez-vous que si on s'abstient de remuer, des gouttelettes de colorant alimentaire resteront sagement de petits points de couleur vive dans l'eau ? En réalité, le mouvement brownien réalisera au bout de quelque temps l'agitation nécessaire.

VOUS AUREZ BESOIN DE :

- EAU
- UN BOCAL EN VERRE (ENVIRON 1/2 L)

- COLORANT ALIMENTAIRE

ATTENTION !

Il est préférable de choisir un colorant de couleur foncée, le résultat sera plus frappant.

1 Remplissez à moitié le bocal avec de l'eau.

2 Ajoutez plusieurs gouttes de colorant alimentaire. Vous verrez la couleur sombre aller au fond du récipient.

3 Ne touchez plus au bocal durant trois heures.

4 Regardez maintenant le liquide : il devrait être d'une couleur uniforme, comme si on l'avait remué.

Robert Goddard construit UNE FUSÉE

L'HOMME QUI RÊVAIT DE LA LUNE

Robert Goddard, professeur à l'université Clark (dans le Massachusetts) était un homme tranquille, dont les recherches n'avaient jamais fait beaucoup de bruit. En tout cas jusqu'en 1919, lorsqu'il publia un article sur un sujet très spécial, les fusées et l'astronautique. Il y décrivait des expériences avec différents carburants pouvant propulser des fusées à grande vitesse. Peut-être pourrait-on en envoyer hors de l'atmosphère et pourquoi pas, jusqu'à la Lune !

Le *New York Times* critiqua férocement cet article : la supposition, selon laquelle il serait possible de voyager jusqu'à la Lune, montrait que son auteur ne disposait même pas « des connaissances

Robert Goddard dans son laboratoire.

servies quotidiennement à la louche dans les lycées. »

Cette critique résonnait sans doute encore aux oreilles de Goddard, quand, le 16 mars 1926, il assembla sa fusée « Nell », de 3 m, dans un champ de la ferme de sa tante Effie. La fusée paraissait toute frêle sur son échafaudage de lancement. Mais elle contenait quelque chose que personne n'avait jamais utilisé auparavant : du combustible liquide, un mélange d'essence et d'oxygène liquide — capable d'envoyer finalement une fusée sur la Lune.

Un assistant alluma la mèche, avec un chalumeau fixé au bout d'une perche. La fusée monta, atteignit une hauteur de… 12 m, puis s'écrasa au sol à une cinquantaine de mètres de là. Certes, ce vol avait été bref, mais cela n'avait-il pas été le cas pour Orville Wright (voir page 181) ? L'ère spatiale avait commencé.

En revenant à cette expérience réalisée par Goddard, nous pouvons penser « navette spatiale », « satellites », et même « homme sur la Lune ». Après tout, le centre principal de la NASA se nomme Centre de vol spatial Goddard. Mais peu de gens à l'époque ont compris l'exploit de Goddard.

Pourtant, à 6 000 km de là, vivait un savant qui était très intéressé, et c'est là qu'apparaît le versant potentiellement catastrophique du progrès. Ce savant s'appelait Wernher von Braun. Quelques années plus tard, il deviendrait l'un des principaux scientifiques travaillant pour le gouvernement nazi d'Adolf Hitler. Von Braun s'est inspiré des techniques de Goddard pour créer sa puissante fusée V-2, utilisée par l'armée allemande pendant la Seconde Guerre mondiale. Le V-2 — entendre « arme de vengeance 2 » — était une fusée de 12 tonnes, de 250 000 newtons de poussée, de charge utile d'une tonne et d'environ 300 km de portée. Durant les derniers mois de la guerre, l'Allemagne a lancé plus de 3 000 de ces fusées, dont 1 300 sur Londres. Ce fut la période du « Blitz », où les Allemands bombardèrent Londres pendant 57 nuits consécutives, tuant plus de 43 000 civils et détruisant plus d'un million de foyers. Les V-2 volant plus haut et plus vite qu'aucun avion, la Grande-Bretagne n'avait aucun moyen de les intercepter. L'attaque ne prit fin que lorsque l'armée allemande fut repoussée au-delà de la portée de la fusée.

Goddard a continué à construire des fusées à carburant liquide meilleures et plus rapides. Il mourut avant que son rêve premier se soit réalisé : atteindre la Lune. Le 17 juillet 1969, le lendemain du départ d'*Apollo 11* vers la Lune, le *New York Times* a publié des excuses, à propos de sa critique cinglante de Goddard, près de cinquante ans plus tôt :

« Des recherches et des expérimentations plus poussécs ont confirmé les conclusions d'Isaac Newton, au XVIIe siècle. Il est maintenant définitivement établi qu'une fusée peut fonctionner dans le vide aussi bien que dans une atmosphère. Le *Times* regrette son erreur. »

Goddard aurait été heureux, n'est-ce pas ?

LA CAUTION SCIENTIFIQUE

N'IMPORTE QUELLE FUSÉE, UN FEU D'ARTIFICE, un missile, ou tout simplement un ballon qu'on laisse se dégonfler — illustrent les mêmes principes scientifiques. L'un des plus importants, la troisième loi de Newton énonce que si un corps exerce une force sur un autre, cet autre corps lui oppose une force égale (« action/réaction », voir page 83). Si on prend un ballon de baudruche gonflé et qu'on défait son lien, l'air s'en échappe et le ballon s'envole.

L'explosion de la poudre à canon, avec son brusque échappement de gaz, est un exemple similaire de la troisième loi de Newton. Les Chinois, comme nous le savons, utilisaient la poudre pour lancer des « feux d'artifice » qui, à tout point de vue, fonctionnent de manière très similaire aux fusées de Goddard. Mais il avait réalisé que la poudre avait ses limites. Pour envoyer de grandes fusées sur de longues distances, il faut disposer d'une bien plus grande puissance. C'est pour cela que Goddard a utilisé du combustible liquide pour sa fusée « Nell ».

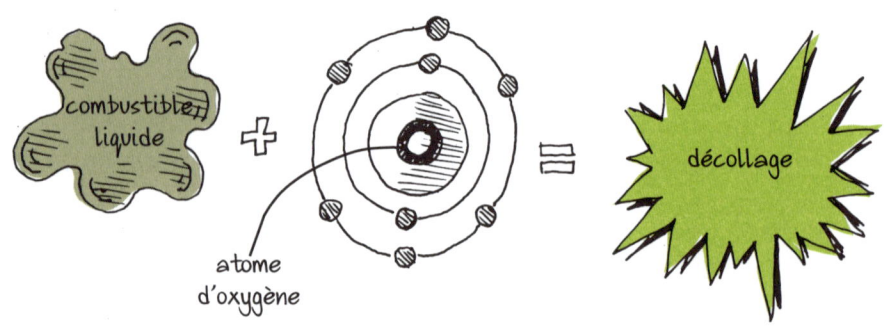

combustible liquide

atome d'oxygène

décollage

Robert Goddard enseignant la physique à l'université Clark en 1914.

En utilisant l'oxygène liquide comme composant, avec l'essence, du carburant de la fusée, Goddard a résolu le délicat problème de la propulsion d'une fusée après son lancement. Goddard, songeant déjà aux voyages spatiaux, savait que des explosifs ne seraient pas utilisables comme combustibles dans l'espace, car la combustion nécessite de l'oxygène (voir page 57).

Et cela, bien sûr, était la clé de l'avenir de l'astronautique, l'innovation qui permettrait d'envoyer des astronautes sur la Lune ou des sondes spatiales à la limite du système solaire et au-delà. Par l'un des plus étranges rebondissements de l'histoire, devinez qui a été le scientifique qui a participé à la direction du programme spatial des États-Unis ? Un certain Wernher von Braun, lequel avait émigré aux États-Unis après la Seconde Guerre mondiale.

La fusée de Robert Goddard en bouteille !

EXPÉRIENCE 34

Cette expérience vous donne l'occasion de construire une fusée à « combustible liquide », en quelque sorte... Et c'est aussi une bonne démonstration de la troisième loi de Newton : tout vole dans l'espace !

VOUS AUREZ BESOIN DE :

- UNE BOUTEILLE DE BOISSON GAZEUSE DE 2 LITRES, VIDE
- UNE PAIRE DE CISEAUX
- CARTON ÉPAIS
- RUBAN ADHÉSIF
- UN MARTEAU
- UN CLOU
- UN BOUCHON EN LIÈGE PARFAITEMENT ADAPTÉ AU GOULOT DE LA BOUTEILLE

- UN EMBOUT MUNI D'UNE AIGUILLE POUR LE GONFLAGE DES BALLONS DE BASKET OU DE FOOT
- 3 MÈTRES DE TUBE PLASTIQUE (QUAND VOUS L'ACHÈTEREZ, AMENEZ LA POMPE AVEC VOUS POUR CHOISIR LE DIAMÈTRE ADAPTÉ)
- EAU
- UNE POMPE DE VÉLO À PIED, DROITE

ATTENTION !
La fusée risque de partir vers le côté, c'est pourquoi il est obligatoire d'être protégé par un mur ou une voiture en stationnement.

1 La « fusée » sera la bouteille vide à l'envers. La première étape consistera à ajouter des ailettes en carton pour surélever le goulot de la bouteille à 8 centimètres du sol environ.

2 Découpez 3 morceaux de carton pour fabriquer les ailettes. Ils doivent présenter une extrémité plate, qui sera collée sur la bouteille et une base plate (non représentée) pour poser la bouteille.

3 Collez les ailettes et essayez de voir si la bouteille tient debout. Modifiez si nécessaire.

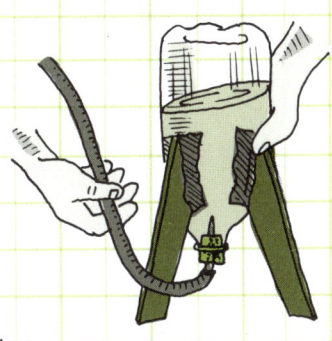

4 Enfoncez le clou au centre du bouchon pour y faire un trou. Glissez-y ensuite l'aiguille de l'embout de sorte qu'elle traverse complètement le bouchon. L'aiguille doit être parfaitement ajustée aux dimensions du trou.

5 Enfoncez l'embout à une extrémité du tuyau en plastique. Cela vous permettra de vous tenir à 3 mètres de distance de la fusée pendant le décollage. VOUS DEVEZ VOUS TROUVER DERRIÈRE UNE PROTECTION — MUR OU VOITURE EN STATIONNEMENT — PLACÉE ENTRE VOUS ET LA FUSÉE.

6 Remplissez la bouteille au tiers avec de l'eau et enfoncez-y fermement le bouchon ; branchez l'autre bout du tuyau à la pompe.

7 Retournez la fusée très doucement pour la mettre debout.

8 Assurez-vous qu'il ne se trouve personne à proximité du site de décollage. TOUTE PERSONNE MANŒUVRANT LA POMPE DEVRA SE TROUVER DERRIÈRE LA PROTECTION.

9 Pompez longuement : la pression augmente dans la bouteille, jusqu'au moment où elle chasse le bouchon et lance la fusée.

Igor Sikorsky, le père de
L'HÉLICOPTÈRE

SENS UNIQUE : VERS LE HAUT !

Ce n'est qu'après le triomphe des frères Wright en 1903, ouvrant la voie aux vols motorisés, que les ingénieurs ont sérieusement étudié la possibilité de l'hélicoptère. L'idée elle-même existait depuis des siècles. Au milieu des années 1500, Léonard de Vinci dessina un « ornithoptère », une machine volante ressemblant étrangement à un hélicoptère moderne. Et, en 1784, l'inventeur français Christian de Launoy créa un jouet à voilure tournante, capable de décoller du sol et de voler. L'écrivain français Ponton d'Amécourt inventa le terme « hélicoptère » en 1863 à partir de deux mots grecs signifiant « spirale » et « ailes ». La première personne à avoir conçu et piloté un appareil à voilure tournante fut le Français Paul Cornu ; cependant sa machine était très différente d'un hélicoptère proprement dit. La possibilité de réaliser un hélicoptère pour transporter des personnes n'a été envisagée sérieusement qu'à partir du décollage des frères Wright à Kitty Hawk. En effet, malgré des avantages évidents, le potentiel catastrophique d'un appareil dépourvu d'ailes paraissait trop grand : en cas de panne, les ailes peuvent encore permettre de planer jusqu'au sol ; PAS d'ailes, PAS d'espoir d'échapper à la chute !

Pendant les trente premières années du XXe siècle, les ingénieurs français, espagnols, argentins et russes ont lutté pour réaliser le premier hélicoptère opérationnel, capable non seulement de décoller et d'atterrir en toute sécurité, mais aussi de parcourir de longues distances. Or, certains des premiers appareils, comme celui de Cornu, étaient impossibles à diriger et ne volaient que quelques secondes avant de s'écraser brutalement au sol.

Ce sont les Allemands qui ont obtenu en 1936 un premier hélicoptère vraiment réussi, le FA-61. Au cours d'une série de vols des 25 et 26 juin, le pilote Ewald Rohlfs a établi des records d'altitude (2 500 m), de durée de vol (1 h 20 min) et de distance en ligne droite (80 km). Mais le FA-61 n'était rien de plus qu'un avion à cockpit ouvert, dont les ailes étaient remplacées par deux hélices pointant vers le haut. Son fuselage et sa queue ressemblaient toujours à ceux d'un avion. C'est pourquoi le père de l'hélicoptère est plutôt considéré comme l'inventeur d'origine russe Igor Sikorsky (1889-1972).

Sikorsky avait commencé à travailler sur des hélicoptères en 1910, mais ce n'est qu'en 1940 que son VS-300 (Vought-Sikorsky 300) devint le modèle de l'hélicoptère moderne. Ce fut le premier appareil sûr et fiable pouvant voler vers l'arrière, vers le haut, vers le bas ou vers les côtés.

Bien sûr, comme cela s'est produit maintes et maintes fois pour de grandes inventions, ce furent les applications militaires de l'hélicoptère qui révélèrent son potentiel catastrophique. Après son VS-300, Sikorsky réalisa le XR-4, premier hélicoptère militaire des États-Unis.

Des hélicoptères furent utilisés durant la Seconde Guerre mondiale. Mais ce fut pendant la guerre de Corée qu'ils démontrèrent toutes leurs qualités : reconnaître le terrain, transporter du matériel et du ravitaillement dans des zones inaccessibles, secourir rapidement des blessés.

Cependant la première vraie guerre de l'hélicoptère se déroula au Vietnam. Vers le milieu des années 1960, l'armée américaine transporta massivement des troupes par voie aérienne vers la jungle vietnamienne. Les hélicoptères étaient pourvus d'armes et de roquettes faisant pleuvoir la terreur sur l'ennemi en combat rapproché.

Un hélicoptère de l'armée américaine au Vietnam.

LA CAUTION SCIENTIFIQUE

CHACUN DE NOUS A LANCÉ DES AVIONS EN PAPIER, ou des modèles réduits de planeurs en balsa. On conçoit donc qu'un avion en détresse puisse réussir, sans l'aide de ses moteurs, un atterrissage d'urgence. Qui pourrait oublier les images de cet avion de ligne, dont les moteurs étaient défaillants, descendant toujours plus près des gratte-ciel de New York, puis se posant sans faire de victimes sur la rivière Hudson en 2009 ? C'est également en planant que la navette spatiale revient sur Terre, de retour de mission.

Tous les avions sont pourvus d'ailes. Dès que les humains ont essayé d'imaginer des machines volantes, ils se sont inspirés d'animaux comme les oiseaux, les chauves-souris, les papillons, ou d'autres créatures ailées. Mais que faire, lorsqu'on est contraint d'atterrir et de décoller dans un espace restreint, en plein milieu d'une ville, en zone montagneuse ou dans une clairière ? Il n'existe pas de piste, les avions y sont inutilisables. C'est là que l'hélicoptère entre en jeu.

Graine d'érable

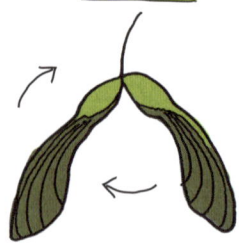

Tout comme la nature nous a fourni des idées pour les premiers avions, elle nous a en partie inspiré pour l'hélicoptère. Il suffit de voir au printemps les graines d'érable tomber des arbres en tournoyant. Les enfants chinois avaient déjà des jouets à hélice volante il y a 2 500 ans, et Léonard de Vinci fut probablement inspiré par le vol de ces mêmes graines tournantes quand il imagina son ornithoptère.

La clé de la conception de l'hélicoptère est la pale du *rotor*, cette grande hélice qui fournit la force ascensionnelle. On peut compléter le rotor par de petites hélices pour parfaire la stabilité du vol, mais c'est l'hélice principale qui joue le rôle essentiel. Comme une aile d'avion, ses pales ont un profil destiné à assurer la portance maximum (voir page 186) ; c'est aussi ce qui explique leur grande dimension. De plus, chaque pale est légèrement inclinée : ceci afin de permettre à l'hélice de mieux se « visser » dans l'air.

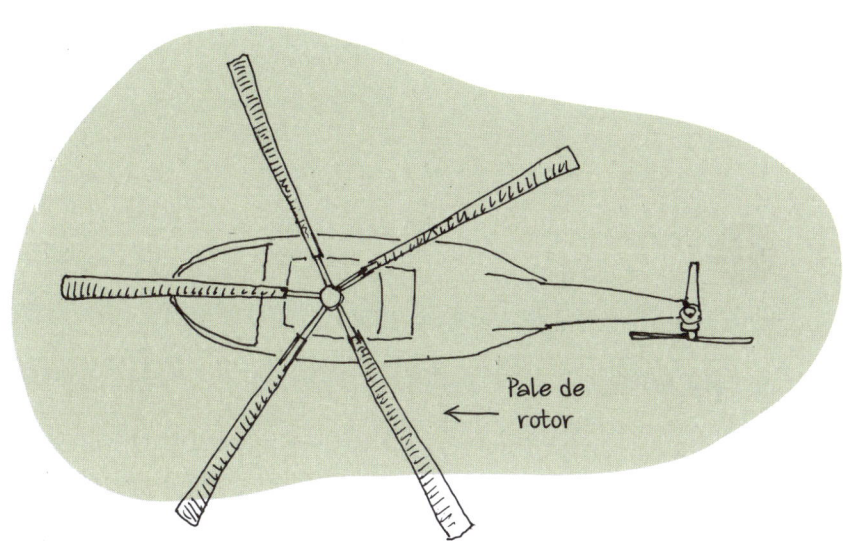

Pale de rotor

L'hélicoptère de Sikorsky
EXPÉRIENCE 35

Cette expérience permet de comprendre l'action du rotor des hélicoptères. Elle imite la graine ailée de l'érable, car les hélicoptères utilisent le même principe aérodynamique pour descendre lentement vers le sol.

ATTENTION !

Il vous faudra peut-être plusieurs essais pour réaliser correctement le pliage. Rappelez-vous que le plus important est d'avoir les volets A et B dans des directions opposées. Vu de côté, l'hélicoptère doit ressembler à un T majuscule.

1 Découpez dans une feuille de papier un rectangle de 27 cm de long sur 5 cm de large. Voir la figure ci-contre pour marquer et découper les volets de votre hélice de papier.

2 Utilisez une règle et un crayon pour tracer sur le papier les traits de l'illustration. (Inscrivez bien sa lettre sur chaque volet.)

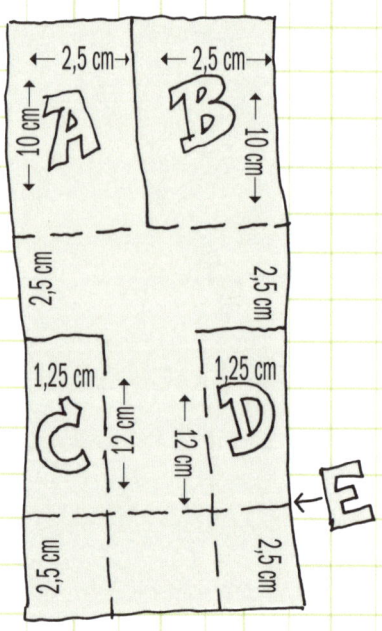

3 Découpez soigneusement le long de chaque ligne pleine et plier le long des pointillés.

4 Le long de la ligne pointillée, repliez le volet A vers l'avant et le volet B vers l'arrière.

5 Pliez les volets C et D vers l'avant le long des pointillés afin qu'ils se rejoignent.

6 Pliez maintenant la ligne E vers le haut (ce qui aboutit à rassembler C et D).

7 L'hélicoptère devrait être prêt à voler. Tenez-le en pinçant les volets C et D, les volets A et B pointant dans des directions opposées, tout en étant parallèles au sol.

8 Tenez l'hélicoptère aussi haut que possible, puis lâchez-le en retirant votre main très rapidement. L'hélicoptère doit tournoyer lentement vers le sol.

L'hélice volante de Sikorsky
EXPÉRIENCE 36

« Ce qui descend peut aussi remonter » : cette expérience montre que le même profil et la même inclinaison de la pale, à même de ralentir la chute de l'hélicoptère vont, cette fois, le faire monter ! En ajustant avec soin la courbure et le pliage, votre hélice volante devrait parfaitement fonctionner.

ATTENTION !

Vous aurez probablement besoin d'ajuster la courbure de la pale et l'angle dont vous aurez rabattu les volets. Soyez patient et votre hélice finira par décoller.

VOUS AUREZ BESOIN DE :

- CARTON RIGIDE
- UNE RÈGLE
- UNE PAIRE DE CISEAUX
- UN CRAYON POINTU, DE SECTION OCTOGONALE, PAS RONDE
- COLLE

1. Découpez une bande de carton de 20 cm sur 3 cm.

2. Utilisez le crayon ou les ciseaux pour percer un petit trou, exactement au centre de cette bande.

3. Découpez un triangle à partir de deux coins diagonalement opposés (par exemple, en haut à droite et en bas à gauche), à 2 cm de chaque extrémité.

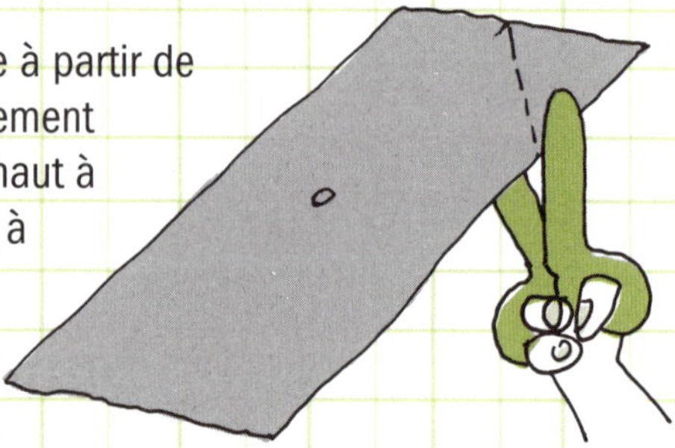

4. Faites deux marques sur le bord de la pale en carton, l'une à 8 cm d'un coin non découpé et l'autre 2 cm plus loin.

5 Faites une incision de 1,5 cm perpendiculairement au bord de la pale à partir de la première marque (celle à 8 cm).

6 À partir de la seconde marque (celle à 10 cm), coupez en diagonale jusqu'au bout de l'incision précédente et ôtez le petit triangle rectangle.

7 Répétez les étapes 4, 5 et 6 le long de l'autre bord de la pale à partir du coin non découpé.

8 Tenez délicatement la pale par ses deux longs côtés et donnez-lui une légère courbure ; pliez vers le bas les deux volets de 8 cm, un peu au-delà de la courbure de la pale.

9 Enfoncez soigneusement la pointe du crayon sur environ 2 cm dans le trou au centre du carton. Assurez-vous que la pale est bien à plat et déposez un point de colle pour la fixer au crayon. Ne mettez pas trop de colle, et laissez sécher avant de passer à l'étape 10.

10 Tenez le crayon sous la pale entre les paumes de vos mains.

11 Faites glisser vos mains l'une contre l'autre, d'avant en l'arrière puis en sens inverse, d'abord lentement, puis de plus en plus vite, avant de laisser partir l'hélice.

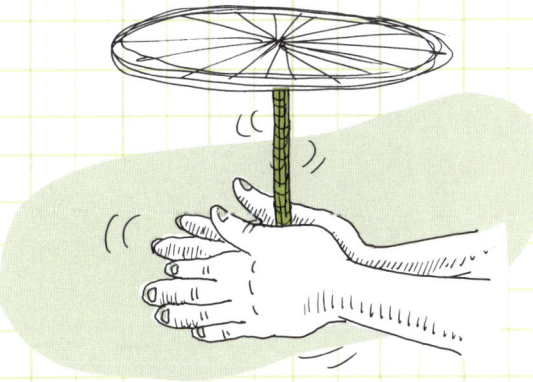

12 Votre hélicoptère doit s'envoler vers le haut, avant de ralentir et de virevolter vers le bas.

Enrico Fermi et
LA RÉACTION EN CHAÎNE

MAIS VA-T-IL POUVOIR ARRÊTER ÇA ?

Enrico Fermi (1901-1954) était un physicien italien. Ses travaux sur les neutrons, particules dépourvues de charge électrique contenues dans les noyaux atomiques, lui ont valu le prix Nobel de physique en 1938. Après la remise de son prix en Suède, Fermi et son épouse Laura ont émigré en 1939 aux États-Unis. Tout comme le savant danois Niels Bohr, Fermi devint professeur à l'université Columbia.

Fermi et Bohr savaient que les atomes, qui sont les briques élémentaires de la matière, étaient liés les uns aux autres par une immense quantité d'énergie. Or, les connaissances scientifiques laissaient penser qu'il était possible de « briser en morceaux » des noyaux

atomiques (on dit : provoquer leur fission), libérant ainsi cette énergie. Cela pouvait entraîner la fission d'autres noyaux, c'est-à-dire une réaction nucléaire « en chaîne », se propageant d'un noyau à l'autre, à l'image d'une rangée de dominos, dont la chute d'un seul entraîne celle de tous les autres. On libérerait alors une quantité fantastique d'énergie, qui pourrait aboutir à des bombes surpuissantes. Fermi, Bohr, d'autres savants encore tels le Hongrois Leó Szilárd, étaient conscients de cette possibilité, et savaient aussi qu'en Allemagne, les scientifiques travaillant pour le régime nazi d'Adolf Hitler étaient sur la même piste. Szilárd proposa d'avertir Franklin D. Roosevelt, président des États-Unis, du risque que les Nazis arrivent en tête dans cette course à « la Bombe ».

Albert Einstein, qui était le savant le plus célèbre du monde et qui vivait alors aux États-Unis, était également inquiet de voir le régime nazi en possession de telles armes. Il envoya une lettre au président le 11 octobre 1939 (il regrettera toutefois par la suite d'avoir contribué à développer l'arme atomique). La Seconde Guerre mondiale avait commencé le mois précédent et le président Roosevelt envisageait déjà d'engager son pays dans la lutte contre le régime nazi d'Hitler. Il lança donc un plan secret de développement des recherches sur l'énergie atomique. Trois ans plus tard, ces travaux secrets aboutirent à un effort général de production d'armes nucléaires, le projet Manhattan.

Le projet Manhattan débuta lorsque le gouvernement américain décida en août 1942 d'accélérer la production de l'arme atomique. Cet effort, qui coûta au total 2 milliards de dollars et auquel plus de 130 000 personnes collaborèrent, demeura pourtant secret. Il n'était connu que sous un nom de code, le **Manhattan Engineer District**, ou tout simplement le projet Manhattan. Son directeur scientifique était le physicien Robert J. Oppenheimer. Ce plan aboutit aux deux bombes atomiques lancées sur le Japon en août 1945.

La première étape consistait à obtenir une réaction en chaîne contrôlée. Cette notion de **contrôle** est fondamentale. Que se passerait-il en effet si la réaction en chaîne ne pouvait être arrêtée ? Le risque de voir les Nazis disposer de bombes atomiques était déjà assez grand, mais une libération incontrôlable d'énergie pourrait signifier la fin du monde !

Fermi imagina un moyen de contrôler la réaction en chaîne (voir « La caution scientifique »). Le 2 décembre 1942, il installa son dispositif expérimental de test sur un terrain de squash de l'université de Chicago. Fermi et ses collaborateurs commencèrent l'expérience, puis ils attendirent. La réaction en chaîne débuta effectivement, mais surtout, l'équipe fut en mesure de l'accélérer, de la ralentir, et enfin de l'arrêter ! À l'issue de ce plein succès, un message codé fut envoyé au président Franklin D. Roosevelt : « Le navigateur italien a débarqué sur le nouveau monde. »

Toute cette expérience de réaction en chaîne se déroula conformément aux attentes de Fermi, on pourrait donc croire que la mise en œuvre de la théorie n'était qu'une formalité. En réalité, les connaissances sur le comportement des particules subatomiques étaient alors incomplètes. Dans l'esprit de Fermi devait planer, du début à la fin de l'expérience, la crainte d'une réaction en chaîne incontrôlée, se propageant sur l'ensemble de la planète.

LA CAUTION SCIENTIFIQUE

AU DÉBUT DU XXᴱ SIÈCLE, LES PROGRÈS DANS LA compréhension des atomes qui constituent la matière se déroulèrent à pas de géant. En particulier, il devint clair que les atomes recèlent des quantités fabuleuses d'énergie. Casser leurs noyaux (provoquer leur fission) pourrait libérer cette énergie.

Le terme « radioactivité » désigne le phénomène de désintégration des atomes, accompagné de libération d'énergie. Ce phénomène peut avoir lieu spontanément, parfois sur de longues périodes de temps. Fermi et d'autres savants voulaient provoquer cette libération d'énergie. Il faut pour cela casser un certain nombre d'atomes, puis utiliser une partie de l'énergie obtenue pour en briser d'autres et ainsi de suite : on déclenche de cette façon une réaction en chaîne.

Fermi voulait provoquer la fission d'un atome par l'absorption d'un neutron supplémentaire. Cela était déjà problématique, mais plus difficile encore était le contrôle de la réaction en chaîne, s'il ne voulait pas que la ville de Chicago — et peut-être bien le monde entier — ne soient détruits par toute cette énergie. Fermi imagina de limiter la réaction en introduisant dans le réacteur des barres d'un matériau capable d'absorber des neutrons.

En fait, il existait deux possibilités : soit générer un débit régulier d'énergie, c'est ce qui se pratique dans les centrales nucléaires ; soit laisser la réaction en chaîne se dérouler sans contrôle durant un temps bref, jusqu'à l'épuisement du combustible nucléaire. Ce deuxième cas était — et est toujours — le principe des bombes atomiques. On évaluait qu'une

Une réaction nucléaire en chaîne

Un neutron entre en collision avec un atome d'uranium, l'amenant à se casser en 2 atomes plus petits, en libérant de l'énergie et un neutron. Ce neutron entre ensuite en collision avec un autre atome d'uranium... et ainsi de suite.

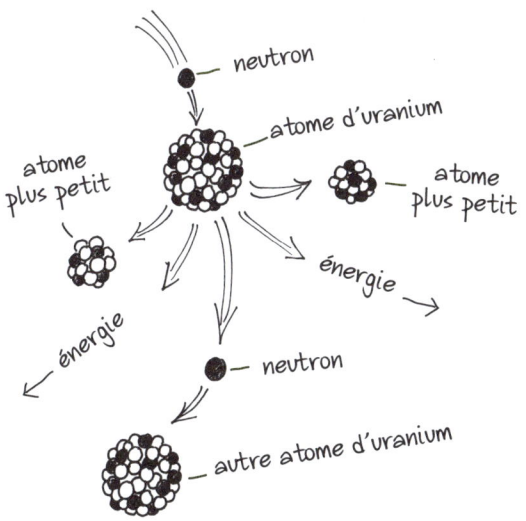

seule bombe de 500 kilotonnes réduirait en cendres instantanément 60 000 personnes, puis qu'un million et demi de personnes mourraient durant la semaine du fait des radiations, et cinq millions encore dans les mois suivants. On interdit aux enfants de jouer avec le feu ; qui interdira aux scientifiques — et aux militaires — de jouer avec le feu atomique ?

Robert J. Oppenheimer dirigeait le Projet Manhattan, orientant la recherche et les tests à chaque étape. Mais il n'a jamais perdu de vue le potentiel dévastateur des armes nucléaires. Lorsque la première bombe atomique a explosé au Nouveau-Mexique, le 16 juillet 1945, Oppenheimer s'est souvenu d'un passage des livres sacrés hindous : « Je suis devenu la Mort, le destructeur des mondes ».

La réaction en chaîne de Fermi
EXPÉRIENCE 37

Dans cette expérience, vous n'utiliserez pas de produits radioactifs ! Mais vous aurez l'occasion de réfléchir aux réactions en chaîne. Il s'agit assurément de l'une des expériences les plus faciles, les plus compliquées, les plus bizarres, les plus amusantes, les plus brèves, les plus longues à préparer de tout le livre — tout dépendra de vous. Avant de continuer à lire, sachez bien que tout ce que vous y mettrez en œuvre est destiné à vous aider à saisir l'idée de réaction en chaîne : comme le nom l'indique bien, il s'agit d'une série d'étapes s'enchaînant les unes après les autres !

Par exemple, vous pourriez créer une réaction en chaîne commençant par une bille qui descend une piste posée sur une planche à repasser, faisant tomber une tasse en plastique placée juste au bord, mais attachée à une ficelle, de sorte qu'elle va taper dans une rangée de dominos, puis le dernier domino tombera et... vous voyez l'idée, n'est-ce pas ?

La seule limite est votre propre imagination — ainsi que les objets que les adultes de votre entourage vous permettront d'emprunter. Ne prenez aucun appareil électrique (à part éventuellement un jouet sur piles). Naturellement, aucun objet de valeur ne doit risquer d'être cassé dans votre expérience.

VOUS AUREZ BESOIN DE :

Ces objets ont été employés par des participants. Aucun d'eux n'est indispensable, mais tous peuvent être utiles :

- BILLES
- ÉLÉMENTS DE CIRCUIT POUR DES PETITES VOITURES OU DES BILLES
- UNE PLANCHE À REPASSER SANS SA HOUSSE (ON PEUT PASSER DES FICELLES PAR LES OUVERTURES)
- BALLES DE PING-PONG
- UN ENTONNOIR
- UNE RÈGLE ET UN CRAYON (POUR EN FAIRE UNE BASCULE)
- FICELLE
- UN CHEWING-GUM
- UN BOÎTIER DE CD VIDE

ÉCHELLE DES CATASTROPHES :
FAIBLE RISQUE DE DÉSORDRE

ATTENTION !
Vous pouvez utiliser de l'eau au cours de l'une des étapes, mais dans ce cas, pratiquez l'expérience à l'extérieur ou dans un local ne craignant pas d'être mouillé !

1 Vous allez construire une réaction en chaîne en utilisant autant d'éléments divers que vous pourrez trouver, ou que vous arriverez à faire fonctionner ensemble.

2 Mettez en place la planche à repasser (sans sa housse) et attachez-y deux morceaux de ficelle qui pendront presque jusqu'au sol.

3 Accrochez une bille au bas de chaque ficelle à l'aide d'un peu de chewing-gum.

4 Déplacez l'une des billes et laissez-la se balancer : elle doit heurter directement l'autre ; si ce n'est pas le cas, déplacer le nœud pour ajuster la longueur de la ficelle.

5 Quand le choc de ces deux billes sera bien réglé, repérez jusqu'où arrive la bille qui reçoit le choc de l'autre. Placer le boîtier de CD vide debout à cet endroit-là.

6 Répétez alors l'étape 4 pour réaliser la réaction en chaîne suivante : bille 1 heurte bille 2, qui renverse le boîtier de CD. (Replacez les éléments dans leur position de départ.)

7 Mettez en place une bascule constituée d'une règle en équilibre sur un crayon, de sorte que le bout qui est en hauteur soit touché par le boîtier de CD quand celui-ci est renversé. Répétez l'étape 4 une fois de plus, votre réaction en chaîne comptera alors un stade supplémentaire.

8 Imaginez quelque chose à disposer à l'autre bout de la bascule, de manière à l'envoyer en l'air quand la bille 1 choquera la bille 2 qui renversera le boîtier de CD qui déclenchera la bascule...

9 Continuez à ajouter de nouvelles étapes pour obtenir une réaction en chaîne plus longue encore, en repérant toujours l'emplacement de chaque élément.

Chuck Yeager provoque un
BANG SUPERSONIQUE

UN GRAND BOUM POUR LE HÉROS !

Depuis que les frères Wright ont fait voler le premier avion en 1903 (voir pages 181-185), les constructeurs ont tenté d'atteindre des vitesses toujours plus élevées. Que se passerait-il si un avion dépassait la vitesse du son, désignée par Mach 1,0 ? Se fracasserait-il contre un « mur » d'air ? Cette vitesse est-elle une sorte de limite supérieure de l'endurance humaine au-delà de laquelle les tympans éclateraient et le cerveau serait réduit en bouillie ?

La plupart des scientifiques admettaient l'existence d'une sorte de « mur du son ». Ils prévoyaient que les avions pourraient « probablement » le dépasser sans danger, mais l'éventualité d'une catastrophe n'était pas totalement exclue. Qui aurait le courage de tenter l'expérience ?

Un pilote s'est porté volontaire pour cette mission : le capitaine Chuck Yeager de l'U.S. Air Force. As de l'aviation pendant la Seconde Guerre mondiale, il devint pilote d'essai après la guerre, testant toutes sortes d'avions expérimentaux et d'avions fusées. Lorsque le Comité consultatif national pour l'aéronautique (le NACA, qui allait bientôt devenir l'Administration nationale de l'aéronautique et de l'espace, la célèbre NASA), lança un programme de recherche sur le vol à grande vitesse, Yeager devint l'un de ses pilotes d'essai les plus ardents. Par exemple, deux jours avant sa tentative historique de franchissement du mur du son, il fit une chute de cheval et eut deux côtes cassées ; mais de crainte que la mission soit annulée, il n'en parla pas... Le 14 octobre 1947, jour programmé pour l'essai, un bombardier B-29, transportant l'avion fusée Bell X-1, monta à 2 000 m au-dessus du désert de Mojave. À ce moment, Yeager descendit par une échelle, s'introduisit dans le cockpit du X-1 ; il avait si mal du fait de sa chute de cheval qu'il dut s'aider du manche d'un balai (et pas d'un « manche à balai » d'avion !) pour parvenir à refermer la trappe sur lui. Puis le B-29 grimpa jusqu'à 6 000 m d'altitude et le X-1 fut largué. Yeager monta jusqu'à 13 700 m, puis accéléra. Quand il atteignit 361 m/s, soit près de 1 299 km/h, ce qui est la vitesse du son à cette altitude, puis dépassa un peu cette vitesse, son avion provoqua un grand « Bang ! », exactement comme les scientifiques l'avaient prévu pour un appareil dépassant la vitesse de 1,0 Mach. Chuck Yeager lui-même n'entendit rien : en

Le terme **Mach**, utilisé pour exprimer la vitesse des objets par rapport à celle du son, se réfère à Ernst Mach (1838-1916), physicien autrichien spécialiste de l'optique et de l'acoustique.

effet, le son restait derrière son avion ! Au sol, l'effet n'est particulièrement bruyant que lorsque l'avion se trouve à une altitude inférieure à 2 000 m.

Inutile de dire que l'avion de Yeager n'a pas été réduit en miettes en franchissant le « mur du son ». Le X-1 se posa sans problème et l'équipe se précipita vers le cockpit pour lire le compteur de vitesse : « Mach 1,015 ». Yeager écrivit plus tard que le vol avait été aussi « doux que les fesses d'un bébé. Grand-mère aurait pu être assise là-haut en sirotant sa limonade. »

Après la réussite du vol historique de Yeager, l'Air Force et le NACA construisirent un nouvel X-1, qui atteignit Mach 2, c'est-à-dire deux fois la vitesse du son. Puis, en 1955, des avions volèrent à Mach 3 !

Que se passerait-il au-delà de Mach 3 ? Par exemple à Mach 4 ? La difficulté est la suivante : à près de quatre fois la vitesse du son, le fuselage de l'avion devient tellement chaud qu'il est presque impossible de piloter l'avion. Alors, pour le téméraire pilote, la catastrophe « potentielle » deviendrait « probable ».

Le Blackbird, utilisé par l'U.S. Air Force pendant plus de trois décennies, avait une vitesse moyenne de Mach 3,2 et montait à plus de 3 000 mètres par minute, jusqu'à 25 000 m d'altitude. De là, le Blackbird pouvait surveiller plus de 150 000 kilomètres carrés par heure de la surface de la Terre, ce qui faisait de lui un parfait avion espion ! À cette hauteur, le Blackbird pouvait prendre une photo nette d'un être humain. Souriez, vous êtes filmé !

LA CAUTION SCIENTIFIQUE

IL N'EST PAS SURPRENANT QUE LE MUR DU SON AIT suscité tant d'appréhension dans la première moitié du XXe siècle. On redoute ce que l'on ne connaît pas, or dans le cas du son, certaines données sont difficiles à préciser. La vitesse du son dépend de l'altitude. Au niveau de la mer, elle est de 340,3 m/s (1 225 km/h). À 10 000 mètres, elle n'est que de 299,5 m/s (1 078 km/h). Pourquoi en est-il ainsi ? Les sons, comme les avions, se déplacent dans l'air. L'air est un gaz, c'est-à-dire une forme de matière : il a une masse, et à grande vitesse il peut se révéler très destructeur — pensez aux effets des ouragans et des tornades. Le son est une onde : la vibration des molécules d'air se transmet de proche en proche. Si la densité de l'air est grande (faible altitude), les molécules sont très rapprochées et les vibrations sonores se transmettent vite. Si l'altitude est élevée, la densité de l'air est faible et la propagation est donc plus lente. En général, la vitesse du son semble instantanée, mais elle ne l'est pas : observez le temps que met l'écho à revenir quand vous frappez dans vos mains devant une barre d'immeubles.

D'où provient le « bang » des avions qui dépassent la vitesse du son ? Représentez-vous les vagues sur l'océan, leur

Catégories de vols
Les spécialistes de l'aéronautique utilisent les nombres de Mach (multiples de la vitesse du son, en abrégé « M ») pour définir les différents types de vols à haute vitesse, ainsi que certains des effets provoqués dans ces conditions.
Subsonique ($M < 1$) : plus lent que la vitesse du son.
Sonique ($M = 1$) : exactement la vitesse du son.
Transsonique ($0,8 < M < 1,2$) : aux environs de la vitesse du son, parfois au-dessus et parfois au-dessous de M 1.
Supersonique ($1,2 < M < 5$) : au-dessus de la vitesse du son ; il existe un risque de produire des ondes de choc déstabilisantes.
Hypersonique ($M > 5$) : très hautes vitesses, pouvant modifier les propriétés physico-chimiques de l'air ; une énorme quantité de chaleur est produite.

force quand elles vont à l'assaut des bateaux ou des falaises. Au cours de son vol, l'avion crée des ondes sonores (des « ondes de pression ») dans toutes les directions ; elles se déplacent à la vitesse du son. Quand la vitesse de l'avion est proche de celle du son, l'avion commence à « rattraper » les ondes qu'il envoie vers l'avant. À Mach 1, l'avion se déplace à la même vitesse qu'elles. À une vitesse encore supérieure, l'avion dépasse les ondes de pression sonores, qui forment un cône derrière lui, c'est la source du « bang ».

Même si vous n'avez jamais entendu le bruit d'un avion qui franchit le « mur du son », vous connaissez des sons de même origine, puisqu'il s'en produit durant un orage. Une grande quantité d'électricité statique est accumulée dans un nuage (voir pages 92-93) ; lorsque cette électricité se décharge, il se produit un éclair très lumineux et très chaud, qui chauffe très rapidement l'air environnant. Cet air chauffé se dilate (voir pages 112-113) et cette dilatation est si brusque que sa vitesse dépasse celle du son, provoquant le bruit du tonnerre. Comme la vitesse de la lumière est considérablement plus grande que celle du son, on voit l'éclair bien avant que le tonnerre nous parvienne.

Le bang supersonique de Chuck Yeager
EXPÉRIENCE 38

Si vous vous demandez pourquoi tous ces pilotes et ingénieurs de l'aviation étaient préoccupés par le mur du son, vous allez pouvoir constater, grâce à cette jolie expérience, la puissance des ondes sonores. Le son de la voix humaine suffira pour agir sur le dispositif très sensible que vous allez réaliser.

Dans cette expérience, vous allez créer un appareil permettant de « voir » le son, ou plus exactement de visualiser la présence physique réelle des ondes sonores. Vous disposerez d'un écran sensible pouvant répondre en vibrant à des forces extérieures. La surface réfléchissante du fragment de CD va réfléchir la lumière, tout en sautillant de-ci de-là, au gré des vibrations de la surface du ballon.

Cette expérience vous fera comprendre d'autres aspects du son. Vous constaterez avec vos amis les puissants effets des ondes sonores. Vous comprendrez dès lors pourquoi le port de protections d'oreilles est obligatoire dans des environnements bruyants et pourquoi certains musiciens — ou auditeurs ! — de rock en arrivent à devenir sourds.

ATTENTION !

Soyez très prudent en brisant le CD (en vous assurant d'abord qu'il ne s'agit pas de celui que votre sœur aime par dessus tout). Les fragments de CD étant très coupants, les lunettes, les gants et la surveillance d'un adulte sont obligatoires.

VOUS AUREZ BESOIN DE :

- UNE PAIRE DE CISEAUX
- UN BALLON DE BAUDRUCHE
- UNE BOÎTE DE CONSERVE VIDE, OUVERTE AUX DEUX EXTRÉMITÉS
- RUBAN ADHÉSIF DE MASQUAGE
- LUNETTES DE PROTECTION

- GANTS DE JARDINAGE
- UN VIEUX CD (DESTINÉ À ÊTRE JETÉ)
- COLLE
- UN MUR BLANC, OU UN DRAP DE LIT EN GUISE D'ÉCRAN
- UNE LAMPE ÉLECTRIQUE
- UN(E) AMI(E)

ÉCHELLE DES CATASTROPHES : **MANIPULATION D'OBJETS
TRÈS COUPANTS**

1 Découpez avec les ciseaux l'embouchure du ballon.

2 Étirez le ballon sur la boîte de conserve, pour que le caoutchouc recouvre bien l'une des deux ouvertures, comme une membrane de tambour.

3 Fixez les bords du ballon recouvrant les côtés de la boîte à l'aide du ruban de masquage, sur tout le tour.

4 Mettez les lunettes de protection, enfilez les gants de jardinage, et cassez le CD jusqu'à obtenir un fragment de 1 cm environ.

5 Mettez un peu de colle sur la face non réfléchissante de ce petit morceau, et pressez-le soigneusement au centre de la membrane obturant la boîte.

6 Maintenez le fragment en place durant 30 secondes, puis laissez sécher la colle 3 ou 4 minutes.

7 Posez la boîte couchée sur une table, une chaise ou un bureau, l'extrémité fermée par le ballon étant orientée vers le mur ou l'écran blanc.

8 Dirigez le faisceau de la lampe électrique vers la boîte, pour voir sur le mur ou l'écran le reflet de la lumière tombant sur le morceau de CD.

9 Demandez à votre ami de crier au niveau de l'extrémité ouverte de la boîte et observez les soubresauts de la tache lumineuse sur le mur.

Les aventures de John Stapp
SUR SON CHARIOT FUSÉE

LES FORCES D'ACCÉLÉRATION, DÉMONTRÉES PAR LA MÉTHODE FORTE...

Certains héros de la science demeurent presque ignorés, en dehors de leur spécialité. Un de ces glorieux méconnus est John P. Stapp, un colonel de l'U.S. Air Force, qui s'est consacré à l'étude des effets des fortes accélérations et des violents freinages sur les êtres humains. Ses recherches consistaient en épreuves qu'il s'est infligées à lui-même, sur de drôles de machines, des chariots-fusées fonçant dans le désert de Californie. Ainsi est-il devenu « l'homme le plus rapide sur Terre ».

En 1946, durant ses études de médecine, Stapp commença, faisant preuve d'un très grand courage, à tester sur lui-même

John Stapp expérimentant
le chariot-fusée.

la résistance de l'organisme à des conditions extrêmes : froid, chaleur, altitude, pression. Son désir était de créer des vêtements de protection et des dispositifs de sécurité.

Certains de ses travaux les plus remarquables ont débuté dès 1947 sur la base militaire de Muroc en Californie. Le laboratoire médical aéronautique y avait construit, à titre expérimental, une voie ferrée de 600 mètres, sur laquelle un chariot propulsé par une fusée pouvait atteindre une vitesse de 250 km/h, puis ralentir à 120 km/h en un cinquième de seconde. Cette brutale décélération (freinage) se mesure en « unités g ». L'accélération de la pesanteur sur Terre est égale à 1 g. Dans le chariot de montagnes russes d'un parc d'attractions, on peut éprouver jusqu'à 4 g.

Le laboratoire voulait en principe utiliser un mannequin pour effectuer les essais de décélération, mais Stapp dit, en tapotant le mannequin : « Vous pouvez jeter ce truc-là. C'est moi qui vais faire l'expérience. » En août 1948, Stapp avait réalisé 16 séries de tests, atteint 320 km/h sur le chariot propulsé par une fusée et subi jusqu'à 35 g (presque

Biomécanique : étude de la façon dont les forces mécaniques affectent les êtres vivants ; cette science considère le corps vivant comme une machine, avec des limites mesurables et susceptibles d'amélioration. « Bio » vient du mot grec *bios*, qui signifie « vie » et « mécanique » vient du mot latin *machina*.

le double de la limite de tolérance de l'organisme alors admise). Il réfuta ainsi plusieurs théories existant à l'époque sur l'endurance humaine. Il conseilla l'armée de l'air et le gouvernement des États-Unis sur bon nombre de questions de sécurité. Stapp fut pionnier d'une nouvelle science : la biomécanique. Ce sont ses études dans ce domaine qui ont conduit à la mise au point des ceintures de sécurité. Ses

Les études de John Stapp en biomécanique ont permis de concevoir des combinaisons pressurisées, comme celle que porte ici le pilote d'essai Scott Crossfield en 1957.

expériences ont aussi abouti au port de combinaisons pressurisées et de masques à oxygène pour les pilotes volant à haute altitude.

Stapp a ainsi passé une grande partie de sa vie à frôler, au nom de la science, de nombreuses catastrophes potentielles ! Il vécut jusqu'à l'âge respectable de 89 ans.

LA CAUTION SCIENTIFIQUE

LE Dr STAPP CONSACRA TOUTE SA CARRIÈRE À LA biomécanique. À son niveau le plus élémentaire, la biomécanique porte sur l'application des principes de la mécanique aux êtres vivants. Cela est utile dans le domaine du sport, par exemple. Les raquettes de tennis ne cessent de s'améliorer, les casques des cyclistes deviennent plus aérodynamiques, même les maillots de bain actuels favorisent la vitesse des nageurs de compétition. Par exemple, un joueur de tennis pourrait demander à un biomécanicien d'analyser son service, afin de savoir utiliser non seulement la force du bras, mais l'énergie du corps tout entier pour lancer la balle à une vitesse dépassant 200 km/h. Tous ces progrès dus à la biomécanique offrent aux sportifs plus de performances sans exiger d'eux plus d'efforts.

Un expert en biomécanique doit tenir compte des lois du mouvement de Newton (voir page 83), de l'analyse des forces et des énergies afin de voir comment le corps humain fonctionne pour réaliser une action donnée. Il faut calculer la force centripète (dirigée vers le centre de la trajectoire incurvée d'un mobile), ainsi que les échanges entre énergie potentielle (énergie mise en réserve) et énergie cinétique (énergie du mouvement).

Force centripète

Énergie potentielle

Énergie cinétique

Le chariot-fusée de John Stapp
EXPÉRIENCE 39

Cette expérience est un hommage au sens du jeu et de l'humour dont le Dr Stapp fit preuve tout au long de sa carrière. De plus, elle vous offre une excellente raison de demander à vos parents de vous emmener dans un parc d'attraction, où vous serez à votre tour le sujet d'expérience !

VOUS AUREZ BESOIN DE :

- UN PARC D'ATTRACTIONS (AVEC DES TICKETS POUR LES MANÈGES...)

- UN CARNET

- UN CRAYON

> **ATTENTION !**
> Confiez le crayon et le carnet à quelqu'un à chaque manège ; ce serait dommage de perdre vos notes quand vous vous trouverez la tête en bas dans les montagnes russes.

1 Mais vous ne serez pas là pour vous amuser, vous y serez pour l'amour de la Science, d'accord ?

2 Commencez par un tour sur les autos tamponneuses. Leur mouvement est une bonne illustration de l'énergie cinétique. Mais si vous heurtiez une autre voiture ? Parfait, dans ce cas vous expérimentez la première loi du mouvement de Newton : l'autre auto jouerait le rôle de la force extérieure modifiant votre mouvement !

3 Prenez maintenant la file d'attente pour les montagnes russes. Tout en entendant les cris des « victimes », pensez à l'énergie potentielle qui s'accumule lorsque le chariot gravit lentement la première montée, avant de devenir brusquement de l'énergie cinétique à partir du sommet.

4 Puis allez sur ce grand manège de creux et de bosses, où de petites gondoles sont en rotation : vous éprouverez une force qui vous plaque contre l'extérieur, mais ce n'est pas une « force centrifuge » ! Au contraire, vous ressentez la force centripète qui empêche votre corps de continuer en ligne droite et vous contraint à tourner vers l'intérieur...

La décélération de John Stapp
EXPÉRIENCE 40

Vous mettrez en évidence une caractéristique de la décélération : plus la durée de l'arrêt d'un corps en mouvement est longue, plus la force appliquée sera réduite. Vous allez lancer aussi fort que vous le pourrez un œuf, mais il restera intact. Pourquoi? L'œuf aura un peu de temps pour s'arrêter au moment du choc, ne serait-ce qu'un dixième de seconde de plus, en projetant l'œuf sur un simple drap. Autre exemple : à l'approche d'un feu rouge, le conducteur d'une voiture peut soit freiner progressivement durant une dizaine de secondes, soit freiner au dernier instant. Dans quel cas faut-il exercer le plus de force ?

VOUS AUREZ BESOIN DE :

- DEUX VOLONTAIRES
- UN DRAP DE LIT
- UN ŒUF
- UNE BALLE DE GOLF (FACULTATIF)

ATTENTION !

Chacun imagine les conséquences d'un œuf se cassant sur un drap tout propre... N'ayez aucune crainte, mais si vous avez besoin de vous rassurer, faites quelques essais avec une balle de golf. Et dans ce cas, écartez-vous des fenêtres !

1 Demandez à vos volontaires de tenir le drap de manière suffisamment lâche pour qu'il s'y forme un creux.

2 Mettez-vous à 3 mètres du drap, prenez l'œuf et visez le creux.

3 Projetez l'œuf aussi fort que vous pourrez.

4 L'œuf devrait rester intact.

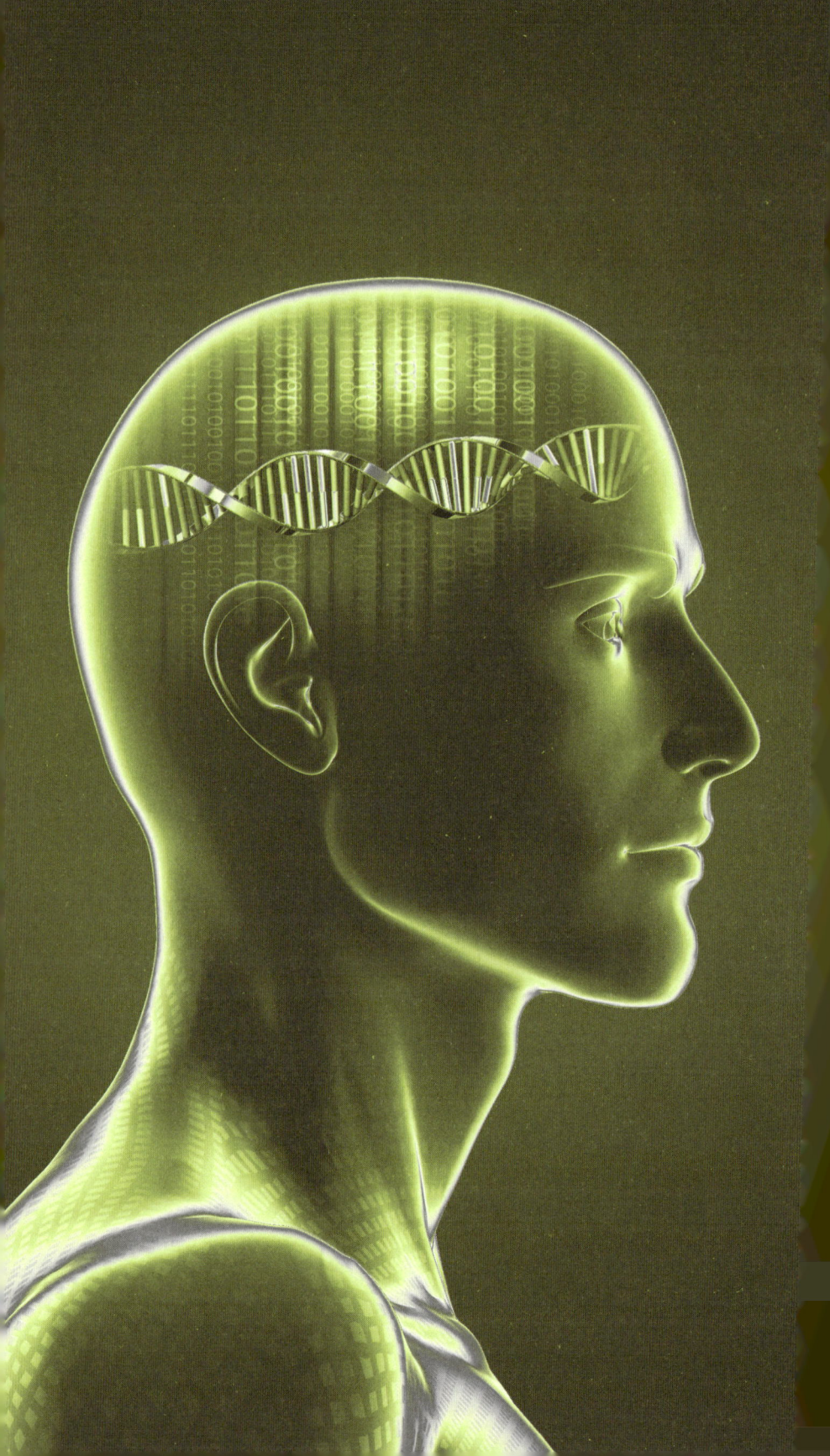

Watson et Crick
DÉCOUVRENT L'ADN

VERS LE « MEILLEUR DES MONDES » ?

Représentez-vous un bar paisible, sur le campus de la vénérable université de Cambridge, en Angleterre. Ce 28 février 1953, les habitués y boivent tranquillement leur bière, auprès de l'accueillante cheminée. Soudainement, deux énergumènes font irruption dans la salle et l'un des deux proclame : « Nous avons découvert le secret de la vie ! » Cet homme-là disait vrai : lui, Francis Crick, ainsi que son ami James Watson, avaient effectivement découvert *un* secret de la vie.

Crick et Watson avaient déchiffré le code naturel qui cachait jusque-là un profond mystère : comment les êtres vivants se reproduisent-ils ? En effet, il ne suffisait pas de

James D. Watson (né en 1928) était un enfant prodige. Il s'est inscrit à l'université de Chicago à l'âge de 15 ans et est ensuite devenu biologiste moléculaire.

Francis Crick (1916 - 2004) s'est initialement destiné à une carrière en physique, puis il s'est tourné vers la biologie moléculaire après la Seconde Guerre mondiale. (Il a conçu un dragueur de mines qui fut utilisé par les navires britanniques contre les mines allemandes.)

connaître les mécanismes de la reproduction chez les animaux et les plantes. Encore fallait-il expliquer en détail comment, par l'intermédiaire de l'œuf ou de la graine, pouvaient se transmettre d'une génération à la suivante, les caractères particuliers d'un individu, d'une famille, ou d'une espèce.

Watson et Crick ont déchiffré les secrets de l'acide désoxyribonucléique (ADN). Il s'agit de la molécule très complexe, présente dans chaque organisme vivant, qui est à l'origine de la transmission entre les générations, portant le code génétique. Cette découverte donne accès à toutes sortes d'applications : en médecine (identifier et guérir les maladies génétiques), en agriculture (améliorer les espèces animales ou végétales) et même en matière policière (l'ADN de chacun est différent, ce qui permet des identifications sur la base de traces infimes, même en l'absence d'empreintes digitales). Cela a valu à Watson et Crick le prix Nobel de médecine en 1962.

Une découverte d'une telle importance ne pouvait pas manquer d'éveiller des craintes : jouer avec les gènes des plantes, des animaux et finalement des humains, peut se révéler être une pente glissante en particulier sur le plan moral, risquant de se terminer en catastrophe. Si par exemple, les parents choisissaient à l'avance le sexe de leur enfant, l'équilibre entre le nombre de femmes et d'hommes ne risquerait-il pas d'être perturbé ? Que faire si la taille de l'individu ou la couleur de ses yeux pouvaient être prédéterminés ? Pourrait-on utiliser l'ADN pour créer des surhommes plus rapides, plus forts, plus intelligents que l'homme actuel ? Est-ce de la science-fiction ? Regardez donc ci-contre la photo d'un ligre ! La vision du roman *Le meilleur des mondes* n'est peut-être pas si éloignée, après tout.

Un **ligre** est un « super félin » issu du croisement d'un lion avec une tigresse. De 3 à 4 m de long, il pèse autant que ses deux parents réunis : le ligre est le plus grand félin du monde.

LA CAUTION SCIENTIFIQUE

DANS LES ANNÉES 1950, LE MONDE SCIENTIFIQUE savait que chaque cellule d'un être vivant contient des gènes, porteurs de l'information transmise à la descendance (par exemple avoir les yeux bleus ou être gaucher). On savait aussi qu'ils étaient associés à des filaments, les chromosomes. Mais subsistait un mystère : que sont ces gènes, comment sont-ils reliés, sous quelle forme l'information génétique y est-elle représentée ?

C'est un travail de détectives scientifiques, étalé sur plusieurs dizaines d'années, mené dans différents pays, qui parvint progressivement à éclaircir le mystère. La molécule d'acide désoxyribonucléique (ADN) fut d'abord identifiée ainsi que sa constitution chimique et son lien avec les gènes. C'est Watson et Crick qui ont découvert sa structure, le codage de l'information génétique et sa reproduction, en somme ils découvrirent « le secret de la vie ».

Watson et Crick, travaillaient au laboratoire Cavendish à Cambridge sur la structure de l'ADN. Ils disposaient principalement de deux pistes de recherche. La première était une observation d'Erwin Chargaff, de l'université Columbia, qui démontrait que la composition chimique complexe de l'ADN présentait un certain nombre de motifs répétés. La seconde était très spectaculaire : le « cliché 51 » (réalisé à l'aide de rayons X au King's College de Londres par Rosalind Franklin). Ce résultat se révéla crucial pour guider Watson et Crick dans la bonne direction : l'ADN est constitué de deux brins spiralés formant une double hélice. Chaque brin porte l'information génétique appariée et connectée à l'autre brin.

La compréhension de la forme de cette molécule représenta une étape essentielle, mais la suivante fut totalement innovante : Watson et Crick découvrirent que les brins d'ADN se dédoublaient au cours de la division cellulaire (phase essentielle du processus de la reproduction), constituant un nouveau brin identique au brin duquel il se détache. C'est ainsi que l'information génétique se transmet à chaque nouvelle division.

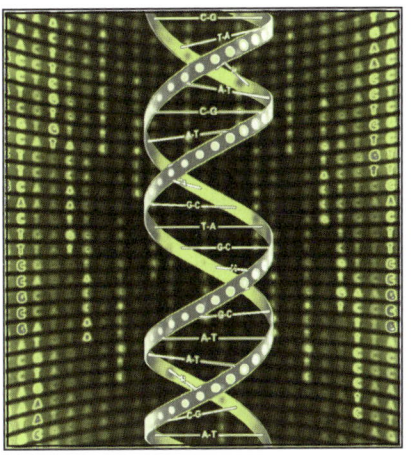

Ce n'est que lorsque Watson et Crick ont découvert la forme en double hélice de l'ADN qu'ils ont pu comprendre le stockage et la transmission de l'information génétique chez les êtres vivants.

Ce processus de recopie n'est pas toujours parfait, mais ses erreurs elles-mêmes sont très importantes : elles sont à l'origine des mutations. Un certain nombre d'entre elles sont réellement utiles : Charles Darwin a montré qu'elles sont au cœur de la sélection naturelle (voir pages 156-157). À part ces mutations naturelles, il est possible d'obtenir de nouveaux types d'organismes, soit par hybridation (c'est le cas du ligre), soit en introduisant dans une cellule un ADN différent. Le génie génétique peut mener à des applications utiles pour l'agriculture ou la médecine. On peut ainsi obtenir des plantes résistantes au gel ; des personnes atteintes de maladies génétiques rares peuvent être soignées ou guéries par thérapie génique.

L'ADN de Watson et Crick
EXPÉRIENCE 41

Chaque être vivant a sa propre « signature » ADN, différente de celle de tous les autres. Nous laissons des traces de notre ADN sur tout ce que nous touchons ou mangeons ; puisqu'il n'existe pas deux personnes ayant exactement la même combinaison de gènes, l'« empreinte génétique » est devenue un élément essentiel des enquêtes policières. Au cours de cette expérience, vous allez extraire l'ADN d'une banane. Comme l'ADN se trouve à l'intérieur des cellules, vous détruirez les membranes cellulaires en passant la banane au mixer. Puis vous ajouterez du liquide vaisselle, qui contient des molécules capables de dissoudre les membranes de la cellule (celles du cytoplasme et celles du noyau). Par addition d'alcool, vous séparerez ensuite l'ADN des autres protéines et des graisses. À la fin de l'expérience, il restera une substance glaireuse insoluble dans l'alcool : c'est de l'ADN. Naturellement, à partir de là, il faudrait employer des techniques physiques, chimiques et biologiques complexes pour déterminer la structure et le fonctionnement de cette molécule : c'est ce travail qui a valu le prix Nobel à Watson et Crick.

VOUS AUREZ BESOIN DE :

- UNE DEMI-BANANE
- UN MIXER
- SEL
- UNE TASSE
- EAU CHAUDE
- UNE PASSOIRE
- UNE CUILLER À CAFÉ

- LIQUIDE VAISSELLE
- PAPIER FILTRE POUR LE CAFÉ
- UN VERRE
- ALCOOL DÉNATURÉ
- UNE BROCHETTE EN BOIS

ATTENTION !
Il faut qu'un adulte se charge de verser l'alcool et de s'en débarrasser après l'expérience.

ÉCHELLE DES CATASTROPHES : **EMPLOI DE LIQUIDES DANGEREUX
ET D'EAU CHAUDE**

1 Mettez la banane dans le mixer.

2 Dissolvez une cuillerée à café de sel dans une demi-tasse d'eau chaude.

3 Versez l'eau salée sur la banane et faites fonctionner le mixer pendant 1 minute. Rincez la cuiller et la tasse.

4 Versez le mélange dans la tasse à travers la passoire. Appuyez le dos de la cuiller au fond de la passoire pour faire passer son contenu.

5 Ajoutez une cuillerée à café de liquide vaisselle. Remuez de temps en temps pendant 5 minutes.

6 Posez le filtre à café sur le verre et versez-y le mélange.

7 Versez lentement l'alcool dénaturé sur le côté du verre jusqu'à ce que surnage une couche de 2 cm au-dessus du mélange.

8 Une couche d'ADN, apparaissant comme une substance glaireuse blanche, avec quelques bulles, doit se former entre le mélange et l'alcool dénaturé. Certains la décrivent comme ressemblant à de la morve, mais ce n'est pas le terme scientifique adéquat...

9 Tournez lentement la brochette en bois à l'intérieur de cette substance pour prélever un peu d'ADN.

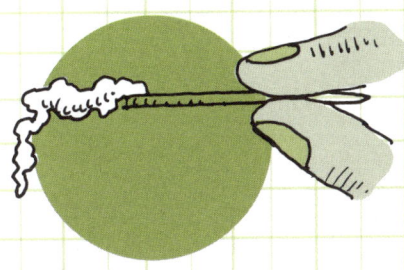

Theodore Maiman découvre
LE FAISCEAU LASER

LE « RAYON DE LA MORT » DES ROMANS DE SCIENCE-FICTION ?

« La façon dont les Martiens peuvent si rapidement et silencieusement donner la mort est encore un sujet d'étonnement. Certains pensent qu'ils parviennent, d'une manière quelconque, à produire une chaleur intense qu'ils projettent en faisceau parallèle sur leurs victimes, au moyen d'un miroir parabolique de composition inconnue — un peu comme un phare envoie au loin un rayon de lumière ».

C'est ainsi que s'exprime le romancier anglais H. G. Wells, dans son célèbre ouvrage *La guerre des mondes*, dans lequel il imagine l'invasion de la Terre par les Martiens. Ce livre a été publié en 1898. Quarante années plus tard, Orson Welles provoqua une panique parmi les auditeurs de radio aux États-Unis en racontant cette même histoire.

Un des éléments les plus inquiétants de cette invasion martienne fictive était l'arme employée par les Martiens : un rayon capable de brûler tout ce qu'ils prenaient pour cible. Wells semble avoir trouvé là un thème effrayant : l'idée de concentrer de la lumière en un faisceau concentrant une puissance énorme. Mais un tel faisceau n'est pas demeuré uniquement le fruit de l'imagination d'un romancier : Theodore Maiman, chercheur à la *Hughes Electric Corporation* en Californie, travaillait à produire un tel faisceau, même s'il n'avait pas l'intention d'envahir d'autres planètes.

La plupart des recherches dans les années 1950 concernaient les ondes radio, non les faisceaux lumineux. En 1954, Charles Townes et Arthur Schawlow inventèrent un amplificateur de micro-ondes ; celles-ci font partie de la gamme des rayonnements électromagnétiques (voir page 166) ; leur longueur d'onde est immédiatement au-dessous de celle des ondes radio. Cet amplificateur, qui permet d'identifier des sources de rayonnement éloignées dans l'espace, est le « maser ». Un autre appareil, le « laser » (dont le nom signifie amplification de lumière par émission stimulée de radiation) est allé un peu plus loin. Au lieu d'amplifier des micro-ondes comme le maser, le laser émet un faisceau de lumière.

Les faisceaux puissants et concentrés des lasers ont toutes sortes d'applications. Ils facilitent des opérations chirurgicales délicates et peu douloureuses. Ils sont également employés pour traiter les lésions oculaires. En dermatologie, ils permettent d'atténuer les rides, de faire disparaître les taches de naissance, et même de traiter l'acné. Les lecteurs de CD, de DVD et de codes barres fonctionnent avec des lasers. Les lasers puissants interviennent dans divers procédés de fabrication.

Ces avantages, toutefois, peuvent devenir catastrophiques : un laser qui peut découper de l'acier pour l'industrie automobile peut se révéler également une arme redoutable. Cela pourrait faire penser à un épisode de *Star Trek*, mais un tel objet est bien réel. Comme le Capitaine Kirk pourrait le dire à son second : « Scotty, réglez votre laser sur maximum ! »

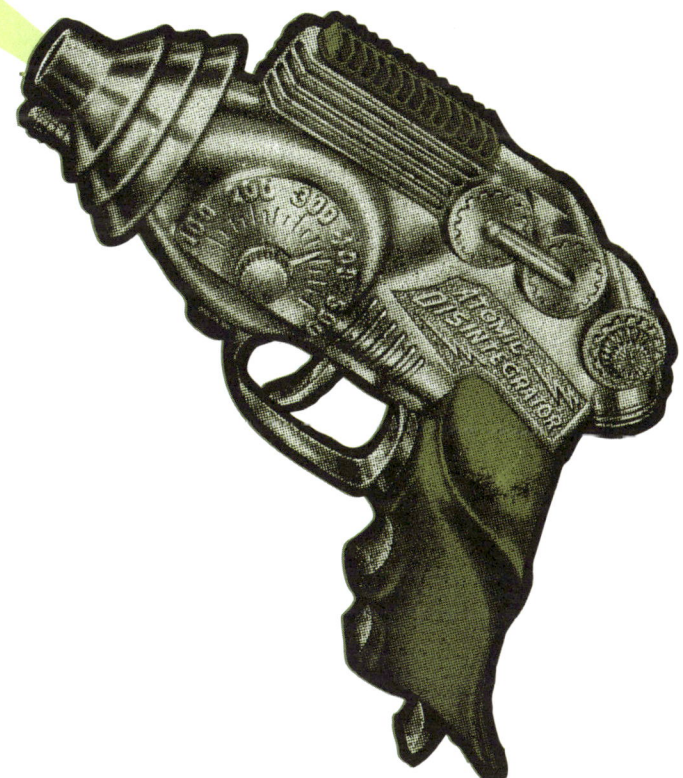

LA CAUTION SCIENTIFIQUE

L'IDÉE DE CONCENTRER DES RAYONS POUR UTILISER leur énergie n'est pas née au xxᵉ siècle. On sait par exemple depuis des siècles focaliser la chaleur rayonnée par le Soleil pour brûler des objets. On dit ainsi qu'en 212, le savant grec Archimède imagina la possibilité de détruire les bateaux de la flotte romaine à l'aide d'un « miroir ardent » concentrant les rayons solaires.

Illustration montrant le « miroir ardent » d'Archimède,
en quelque sorte un ancêtre du laser.

Rien ne prouve que cette invention d'Archimède ait réellement existé. En revanche, il est d'observation courante qu'une loupe concentrant les rayons du Soleil peut percer un trou dans une feuille de papier, ou laisser une trace sur du bois.

Il n'est pas surprenant que les chercheurs du début du xxᵉ siècle aient été en quête de technologies permettant d'obtenir plus d'énergie et de chaleur. L'origine du laser remonte à un article d'Albert Einstein daté de 1917. Il esquissait l'étape initiale de l'« émission stimulée de rayonnement » (en anglais *Stimulation*

Le laser de Maiman

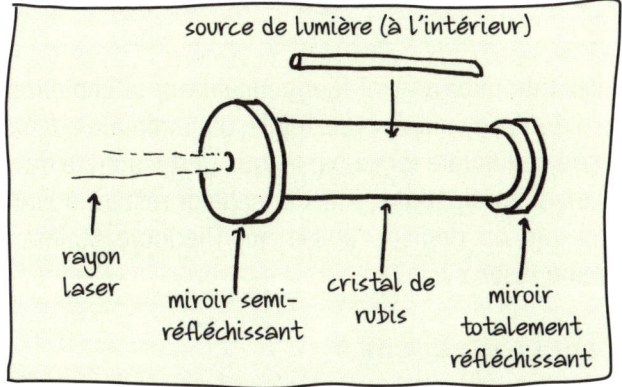

source de lumière (à l'intérieur)

rayon laser

miroir semi-réfléchissant

cristal de rubis

miroir totalement réfléchissant

Emission of Radiation, initiales que l'on retrouve dans « maser » et dans « laser »).

Il y a émission stimulée lorsqu'une particule de lumière, appelée photon, frappe un électron (l'une des particules constituant l'atome), l'amenant à émettre un autre photon. On obtient ainsi deux photons à partir d'un seul. Ce processus de multiplication peut se poursuivre, un peu comme dans une réaction en chaîne (voir page 218).

La découverte de Theodore Maiman consiste à envoyer de la lumière blanche dans un cylindre de rubis. Il obtint ainsi une « émission stimulée » : les longueurs d'onde bleues et vertes sont absorbées, tandis que le rouge est amplifié (son intensité est devenue beaucoup plus forte). Le processus se prolongeant, des quantités de photons s'accumulent dans le cylindre, se déplaçant de manière désordonnée. Maiman plaça un miroir totalement réfléchissant à une extrémité du cylindre pour empêcher ces photons de sortir, et un autre miroir semi-réfléchissant à l'extrémité opposée. Un faisceau de photons concentré put en sortir : un fin rayon laser.

Réalisez votre propre four solaire
EXPÉRIENCE 42

Vous allez fabriquer un vrai four concentrant la chaleur solaire sur une plaque de cuisson. Une feuille d'aluminium augmentera la quantité de lumière reçue par le four. Cette lumière traversera un couvercle en plastique, mais la chaleur restera à l'intérieur. Est-ce si loin du principe utilisé par Theodore Maiman pour réaliser son laser ?

VOUS AUREZ BESOIN DE :

- **UNE GRANDE BOÎTE EN CARTON, DANS LAQUELLE ON LIVRE LES PIZZAS**
- **UNE RÈGLE**
- **UN STYLO-FEUTRE**
- **UNE PAIRE DE CISEAUX**
- **PAPIER D'ALUMINIUM**
- **COLLE NON TOXIQUE**

- **UNE PLAQUE DE PLASTIQUE TRANSPARENTE, DE 25 CM SUR 28 CM**
- **RUBAN ADHÉSIF FORT**
- **CARTON NOIR**

ATTENTION !

Votre four pourra atteindre une température de 130 degrés Celsius, mais il faut du temps pour y parvenir : comptez une demi-heure de préchauffage et une durée de cuisson double de celle habituellement prévue dans le cas d'un four normal.

1 Tracez un carré sur le volet supérieur de la boîte à pizza, à 3 ou 4 cm du bord.

2 Incisez soigneusement trois de ces quatre traits, laissant intacte une ligne qui servira de « charnière ». Plier à plusieurs reprises cette charnière.

3 Coupez un morceau de papier d'aluminium à la dimension de ce volet et collez-le sur sa face inférieure.

4 Mesurez et découpez un morceau de plastique un peu plus grand que l'ouverture découpée dans le couvercle ; fixez-le avec du ruban adhésif sur la face inférieure du couvercle, de sorte que l'ouverture soit bien obturée.
À ce stade, le couvercle de la boîte est fermé en bas par la plaque de plastique, le volet recouvert d'aluminium s'ouvrant sur le dessus.

5 Coupez un deuxième morceau de papier d'aluminium et tapissez-en le fond de la boîte à pizza (à l'intérieur).

6 Découpez du carton noir à la mesure du fond de la boîte ; fixez-le avec du ruban adhésif sur la feuille d'alu. Celle-ci servira alors d'isolant et non plus de couche réfléchissante.

7 Orientez l'ouverture de la boîte vers le Soleil.

8 Pour que le four fonctionne, le volet supérieur doit demeurer ouvert et le haut de la boîte doit rester bien fermé.

9 Vous pourrez y faire cuire toutes sortes de gâteaux, de la pizza et même de la confiture, à condition que cela ne dépasse pas la hauteur de la boîte.

Le faisceau d'une lampe électrique
EXPÉRIENCE 43

Vous allez constater à quel point le rayon émis par un laser est différent de la lumière ordinaire. Tout faisceau lumineux « diverge », il s'étale progressivement. Celui du laser ne fait pas exception : un fin rayon laser émis de la Terre fait une tache lumineuse de 800 m en arrivant sur la Lune. Cela peut sembler beaucoup, mais il s'agit d'une divergence extrêmement minime sur une distance de 400 000 km, comme vous le constaterez en comparant avec une lampe de poche ordinaire. Il vaut mieux faire cette expérience dans une pièce obscure.

VOUS AUREZ BESOIN DE :

- **UNE RÈGLE**
- **UN CARNET**
- **UNE FEUILLE DE PAPIER A4 BLANC**
- **RUBAN ADHÉSIF**
- **UNE TABLE**
- **LIVRE DE 5 CM D'ÉPAISSEUR ENVIRON**
- **UNE PETITE LAMPE DE POCHE, AVEC UN FAISCEAU ASSEZ ÉTROIT**
- **SURLIGNEURS DE COULEUR ROSE, JAUNE, BLEU, VERT**

ATTENTION !
Ne dirigez jamais la lumière de la lampe vers les yeux de quiconque.

1 Tracez à l'aide de la règle des lignes droites espacées de 5 cm à partir du bord gauche de la feuille. Voici ce que cela doit donner :

2 Fixez cette feuille sur la table avec du ruban adhésif.

3 Posez le livre sur la feuille en alignant sa reliure avec la première ligne tracée.

4 Mettez la torche électrique sur le livre en dirigeant le faisceau vers le bord gauche de la feuille.

5 Allumez la lampe et éteignez les autres lumières de la pièce.

6 Tracez le bord de la tache lumineuse sur le papier avec le surligneur rose.

7 Déplacez le livre jusqu'à la deuxième ligne et tracez le bord de la tache avec le surligneur jaune.

8 Reculez le livre deux fois encore et utilisez les deux autres couleurs.

9 Vous constaterez que la tache de lumière devient de plus en plus grande (et de moins en moins lumineuse) lorsque la distance augmente.

10 Essayez d'évaluer à quelle distance le faisceau lumineux cesserait d'être visible. Comparez cela à la distance de 400 000 km, à laquelle la trace d'un rayon laser est encore visible.

Yuri Gagarine
EST MIS EN ORBITE

ET C'EST « LOIN DE CE MONDE »

Peu de temps après la fin de la Seconde Guerre mondiale en 1945, une autre guerre a débuté entre les États-Unis et l'URSS. Cette « guerre froide » ne fut pas une vraie guerre dans le sens habituel du mot : il n'y a pas eu de confrontation directe entre soldats américains et soviétiques. Ce fut une guerre indirecte, accompagnée par une course aux armements.

Mais même si aucun coup de feu ne fut tiré entre les deux ennemis directs, les deux pays, ainsi que la plus grande partie du monde, vivaient dans la peur. Que se passerait-il si, par exemple, un pilote américain abattait un avion russe ? Ou bien si les Russes tiraient sur un sous-marin des États-Unis ? Cela déclencherait-il une autre guerre mondiale ? Depuis que la première bombe atomique avait été envoyée sur Hiroshima, on savait que les conséquences d'une nouvelle guerre mondiale pourraient être catastrophiques pour le monde entier et même détruire l'espèce humaine.

Une des raisons qui ont empêché la guerre d'éclater fut l'équilibre des armements entre les deux pays. Les États-Unis et l'URSS disposaient de nombreuses bombes atomiques (voir pages 218-221) et chacun cherchait à créer des armes que l'autre n'avait pas. Ils étaient à la recherche d'un avantage qui pourrait leur donner une avance technologique sur l'autre.

Le ciel est alors devenu un terrain de compétition pour les deux camps. Les États-Unis et l'URSS disposaient déjà de fusées d'une portée de plusieurs milliers de kilomètres (voir page 264). Que se passerait-il si l'on pouvait atteindre l'espace extra-atmosphérique, ou bien le traverser, ou s'en servir comme base ? La course était lancée pour envoyer des êtres humains dans l'espace. En octobre 1957, l'URSS marqua un grand coup en lançant le premier satellite artificiel, Spoutnik. Le mois suivant, un deuxième Spoutnik fut envoyé dans l'espace, avec à son bord la chienne Laïka. À quand le tour d'un homme ?

Un **satellite** est un objet tournant dans l'espace autour d'un autre objet (principalement une planète). Les satellites peuvent être naturels (comme la Lune) ou artificiels (comme les satellites de télécommunication ou la station spatiale internationale ISS).

Les États-Unis avaient bien du mal à rattraper ce retard dans la « course à l'espace » et le 12 avril 1961, l'URSS provoqua une nouvelle surprise, en mettant un homme en orbite autour de la Terre et en le faisant revenir sain et sauf. Il s'agissait du cosmonaute (terme russe pour astronaute) Youri Gagarine, devenu un héros national.

Le vol spatial triomphal de Gagarine fut un ultime défi pour les États-Unis. Le 25 mai 1961, le président John F. Kennedy prit l'engagement d'envoyer un astronaute américain sur la Lune « avant la fin de cette décennie [les années 1960] ». À l'époque pourtant, les Américains ne disposaient pas d'engin capable d'un tel lancement. Une « poussée » (force exercée par une fusée) considérable est en effet requise pour atteindre une vitesse assez grande pour se libérer de l'attraction terrestre. Les Américains ont donc mis les bouchées doubles pour produire des fusées capables de mettre en orbite de lourdes charges et de les propulser au-delà. Ces fusées Saturn furent la clé du programme spatial américain dans les années 1960.

Ces efforts furent couronnés de succès, puisque le 20 Juillet 1969, les astronautes américains Neil Armstrong et Edwin « Buzz » Aldrin devinrent les premiers humains à se poser sur la Lune.

Les dirigeants soviétiques interdirent à Gagarine de faire d'autres vols spatiaux, car ils voulaient éviter le risque d'une mort accidentelle de leur héros national. Malheureusement, c'est ce qui se produisit en 1968 : Gagarine ne mourut pas dans un vaisseau spatial, mais sur un vol normal, dans son rôle d'instructeur de vol.

LA CAUTION SCIENTIFIQUE

LA GUERRE FROIDE AVAIT MENÉ À LA COURSE AUX armements, qui elle-même avait lancé la course à l'espace. La menace d'une troisième guerre mondiale était donc bien réelle. Heureusement pour tous, la diplomatie, le temps et sans doute un peu de chance en décidèrent autrement. Plusieurs traités furent signés contre la prolifération des armes nucléaires et même en faveur d'une réduction des stocks existants. En 1991, l'écroulement du régime soviétique dissipa plus encore la terrible menace. Aujourd'hui, les Russes et les Américains s'associent pour les missions spatiales. Il existe même une station spatiale internationale, l'ISS, tournant autour de la Terre avec ses astronautes et ses cosmonautes.

La « fin du monde » catastrophique ne s'est donc pas produite. Cependant, chaque mission spatiale fait courir des risques et celle de Gagarine fut sans doute la plus risquée de toutes, car il s'aventurait dans l'inconnu.

La science des fusées s'est développée durant des siècles, depuis les Chinois (voir pages 53-57), en passant par les travaux de Robert Goddard (voir pages 199-203). À partir du XXᵉ siècle, les connaissances scientifiques et les techniques accumulés permirent une excellente maîtrise des voyages sur Terre et bien loin d'elle.

En 1969, la fusée Saturn V, de 110 m de haut, disposait d'une puissance suffisante pour envoyer vers la Lune des astronautes américains à plus de 386 000 km et les ramener sains et saufs sur Terre. Le premier étage de la fusée la propulsa à 60 km d'altitude, à une vitesse de 9 650 km/h. En seulement

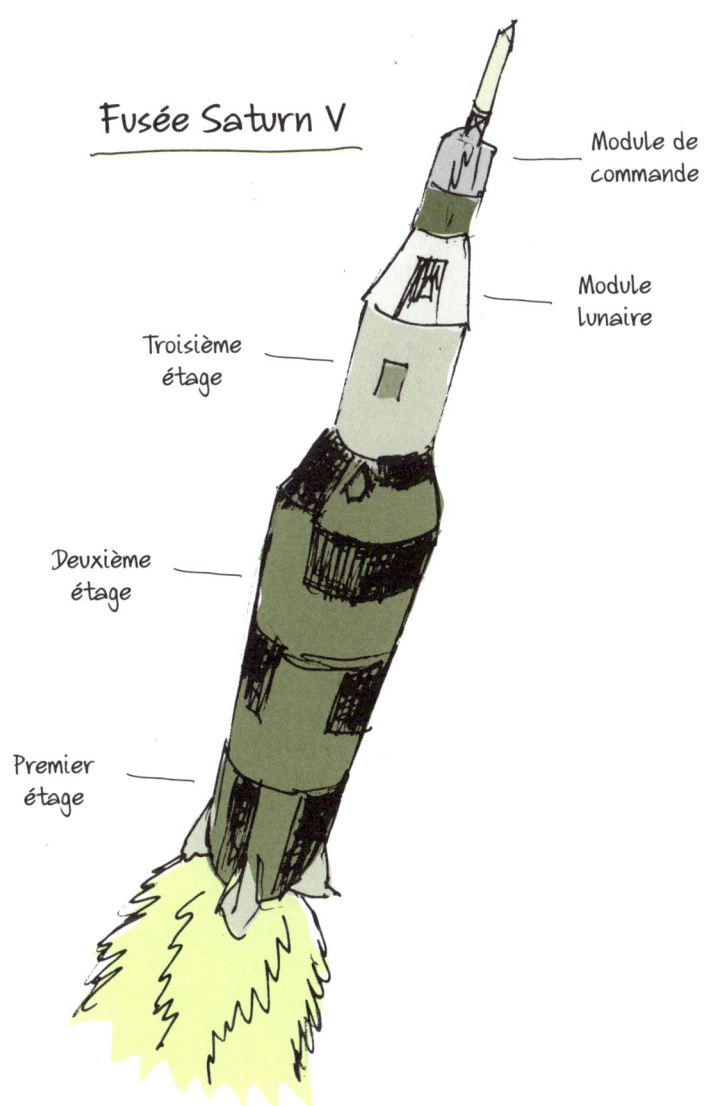

Fusée Saturn V

Module de commande

Module lunaire

Troisième étage

Deuxième étage

Premier étage

deux minutes, ses cinq moteurs avaient brûlé près de 2 000 tonnes de carburant. Le deuxième étage consomma encore 500 t, pour atteindre 190 km d'altitude à 22 500 km/h. Le troisième étage de Saturn fut mis à feu à deux reprises : d'abord pour atteindre la vitesse orbitale de 28 000 km/h, puis pour mettre le vaisseau spatial Apollo et ses trois hommes d'équipage sur orbite autour de la Terre, puis enfin pour le diriger vers la Lune.

L'orbite de Gagarine
EXPÉRIENCE 44

Cette expérience vous donnera une idée des difficultés auxquelles les scientifiques sont confrontés pour lancer une fusée à partir de la Terre, elle-même en rotation. Ce n'est en effet pas aussi facile que vous pourriez l'imaginer, et vous le constaterez par vous-même bientôt, après quelques essais sur votre terrain de jeu.

VOUS AUREZ BESOIN DE :

- UN MANÈGE DE TERRAIN DE JEU, QUE VOUS METTEZ VOUS-MÊME EN ROTATION AVANT D'Y MONTER

- 10 BALLES (BALLES DE TENNIS, BALLES DE GOLF, BALLES EN MOUSSE — TOUT CE QUE VOUS POUVEZ LANCER)

- UNE CORBEILLE RONDE

- UN SAC DE SUPERMARCHÉ

- UN(E) OU DEUX AMI(E)(S)

ATTENTION !

Quand le manège tourne, vérifiez que personne ne se trouve dans la direction vers laquelle vous lancez les balles.

1 Placez la corbeille vide à cinq pas du bord du manège.

2 Mettez les balles dans le sac au centre du manège.

3 Montez sur le manège au repos et placez-vous au plus près de la corbeille.

4 Une à une, expédiez les balles vers la corbeille. Comptez le nombre de « paniers » que vous êtes capable de marquer.

5 Remettez les balles dans le sac au centre du manège.

6 Mettez le manège en rotation rapide et sautez dessus.

7 Combien de « paniers » serez-vous capable de marquer dans ces conditions ? Ce sera déjà très bien si vous en réussissez un ! Vous êtes face à un problème analogue à celui du lancement d'un vaisseau spatial à partir de la Terre qui est en rotation — mis à part le fait qu'à l'équateur, un point de la surface terrestre se déplace à plus de 1 600 km/h !

La poussée du ballon de Gagarine
EXPÉRIENCE 45

Pour qu'une fusée puisse se libérer de la pesanteur terrestre et réaliser la mise en orbite d'un satellite, le facteur essentiel est la poussée (la force qui lui donne sa vitesse). Un approvisionnement en carburant, fiable et en quantité suffisante, est donc nécessaire.

Cette expérience va vous permettre de comprendre le lien entre carburant, poussée, durée du vol et distance parcourue, le tout à l'aide de simples ballons de baudruche ! Votre souffle jouera le rôle du carburant, qui déterminera la poussée de vos ballons-fusées. Vous pourrez alors étudier la relation directe entre poussée et durée du vol.

VOUS AUREZ BESOIN DE :

- BALLONS DE BAUDRUCHE DE DIFFÉRENTES TAILLES (DU TYPE ASSORTIMENT DE BALLONS POUR ANNIVERSAIRES)

- UN CRAYON

- PAPIER

- AU MOINS UN(E) AMI(E) POUR VOUS AIDER

- UN CHRONOMÈTRE OU UNE MONTRE AVEC AIGUILLE DES SECONDES

- UNE RÈGLE OU UN MÈTRE-RUBAN

- PAPIER MILLIMÉTRÉ (FACULTATIF)

ATTENTION !

Il est préférable de disposer de beaucoup de places, mais à l'abri du vent, car un coup de vent soudain fausserait toute l'expérience !

1 Choisissez 4 (ou 5) ballons de tailles différentes, que vous désignerez sur votre feuille par les numéros de 1 à 4 (ou 5). Prévoyez suffisamment de place pour noter des informations supplémentaires pour chacun des ballons.

2 Pour chacun des ballons, écrivez : « Nombre de fois »,
« Durée du vol » et « Distance ».

3 Gonflez un ballon en soufflant dedans à plusieurs reprises,
en prenant à chaque fois des inspirations comparables.
Demandez à votre ami(e) de compter le nombre de fois où vous
avez soufflé et de le noter sous « Nombre de fois ».

4 Pincez le ballon et amenez-le au point de lancement.
Demandez à votre ami(e) de se préparer à chronométrer la
durée du vol.

5 Tenez l'embouchure du ballon dirigée vers vous, puis
lâchez-le.

6 Demandez à votre ami(e) de noter la « Durée du vol »,
et mesurez tous deux la longueur parcourue sous
« Distance ».

7 Répétez les étapes 3 à 7 pour chacun des ballons. Quelles
sont vos conclusions concernant les relations entre
poussée (le nombre de fois où vous avez soufflé), durée du vol
et distance ?

8 Si vous le souhaitez, vous pouvez représenter
graphiquement ces relations : placez « Nombre de fois »
sur l'axe Y (vertical) et « Durée du vol », puis « Distance » sur l'axe
X (horizontal).

Rachel Carson et le
PRINTEMPS SILENCIEUX

LE SYMBOLE DES ÉTATS-UNIS EN DANGER DE MORT

Durant les années 1950, on voyait fréquemment de petits camions parcourir lentement les banlieues, les fermes et même les plages. Équipés de puissants pulvérisateurs, ils répandaient partout sur leur passage de la poudre de DDT, l'un des pesticides les plus efficaces, utilisé pour tuer les moustiques, les mites et toutes sortes d'insectes peu agréables.

Le DDT (ou dichlorodiphényltrichloréthane, si vous voulez vraiment impressionner vos amis) a été synthétisé en 1874, mais son efficacité dans la lutte contre les insectes, tout d'abord gardée secrète, n'a été reconnue qu'en 1939.

Le public n'eut connaissance de ce « pesticide miracle » qu'en 1944, lorsque l'armée américaine diffusa des informations sur son efficacité. Avant cela, toute nouvelle sur le DDT était censurée : sa puissance était telle que certains y voyaient presque une arme secrète.

Le numéro du 12 juin 1944 du magazine *Time* annonça quelques résultats impressionnants du DDT :

- Pulvérisé sur un mur, il est mortel durant trois mois pour les mouches qui s'y posent.

- Les vêtements saupoudrés de DDT restent exempts de poux, même après huit lessives.

- Une faible quantité versée dans une mare élimine toutes les larves de moustiques.

- Il tue les insectes ordinaires tels que les cafards, les mites, les termites et les puces de chien.

Ce produit chimique était même un « médicament miracle », car les moustiques ou les poux transmettent des maladies mortelles, telles que le paludisme et le typhus. Qu'une simple pulvérisation puisse anéantir les vecteurs de ces maladies ne semblait-il pas trop beau pour être vrai ? Et bien, c'était effectivement trop beau pour être vrai.

Durant les années 1950, lorsque l'utilisation du DDT était à son maximum, une jeune femme, nommée Rachel Carson démontra certains effets du puissant insecticide. Elle était biologiste du milieu marin et de la vie aquatique. Elle publiait des articles pour une administration consacrée à la pêche et à la faune sauvage. Elle entendit parler de poissons morts flottant à la surface des lacs, puis elle en observa par elle-même. Elle constata un silence inquiétant, en des lieux habituellement peuplés de chants d'oiseaux. Un ami du Cap Cod (dans le Massachusetts), l'informa en 1958 que des oiseaux de mer mouraient mystérieusement. Même l'aigle à tête blanche, symbole de l'Amérique, était menacé presque partout.

Tous ces éléments incitèrent Rachel Carlson à mettre en œuvre ses compétences scientifiques et son talent d'écrivain. Durant les quatre années suivantes, elle effectua des recherches et en tira un livre démontrant que des substances chimiques, en particulier le DDT, étaient responsables de cette destruction massive de la faune. Ce livre, *Le printemps silencieux*, fut publié en 1962. Il dénonçait les dangers de l'utilisation de produits chimiques dans l'environnement.

Le printemps silencieux provoqua un tollé immédiat. Il devint un best-seller et le public commença à prendre en considération les méfaits de l'utilisation abusive de produits chimiques.

Le travail inlassable de Carson est d'autant plus remarquable qu'elle souffrait d'un cancer terriblement douloureux. Elle mourut en 1964, deux ans seulement après la publication de son livre révolutionnaire. Mais les graines qu'elle avait semées portèrent leurs fruits durant des dizaines d'années. Presque du jour au lendemain, le monde prit conscience de la fragilité de l'environnement et les gouvernements mirent rapidement en œuvre des mesures visant à rattraper les dommages.

Parmi ces mesures, on peut citer la décision américaine d'interdire le DDT en 1972 et d'étudier les effets de dizaines d'autres composés chimiques, jusque-là utilisés librement.

LA CAUTION SCIENTIFIQUE

EN TANT QUE CHERCHEUR TRAVAILLANT SUR LE milieu aquatique et sur la faune, Rachel Carson était bien placée pour constater les dommages causés, remonter jusqu'à leur origine et évaluer l'étendue de la menace.

Il lui fallut tout d'abord comprendre les mécanismes chimiques faisant du DDT un insecticide aussi puissant. Celui-ci pénètre dans les cellules de l'insecte, dont il perturbe le fonctionnement : le système nerveux transmet des messages erronés. La membrane externe de toute cellule est constituée de matières grasses, dans lesquelles le DDT est soluble. En pénétrant dans une cellule, le DDT ouvre la voie à d'autres produits chimiques, dérivés du potassium et du sodium : ce sont eux qui perturbent les signaux du système nerveux. L'insecte présente alors des spasmes (mouvements incontrôlés), ou est paralysé (incapacité de bouger), puis il meurt.

Larve : la première phase du développement des moustiques et d'autres insectes. Les larves ressemblent à des vers et sont dépourvues d'ailes.

Une grande partie des dommages se produisent quand les moustiques sont encore des larves. Mais ces effets se prolongent, s'étendant à d'autres espèces et à l'environnement dans son ensemble. En effet, quand un animal mange un moustique victime de l'insecticide, il ingère du même coup le DDT qu'il contient. Le tissu adipeux de l'animal, étant constitué de matières grasses, se charge en DDT. C'est ainsi que l'organisme des oiseaux, qui mangent quotidiennement des milliers d'insectes, accumule du DDT.

Les insectes et les oiseaux ne sont que deux des éléments de la chaîne alimentaire qui relie tous les

La chaîne alimentaire

C'est l'équilibre qui s'établit entre organismes vivant sur le même territoire. Il existe des relations alimentaires entre espèces, les rendant toutes dépendantes les unes des autres. Par exemple, dans une forêt, la chaîne alimentaire peut commencer par de l'herbe ou des buissons ; des herbivores (souris, lapins, cerfs) mangent ces plantes ; à leur tour, ils sont victimes de prédateurs (hiboux, lynx, loups, ours…). Des charognards, comme les vautours, mangent les cadavres. Enfin, des « décomposeurs » (insectes, bactéries, champignons) recyclent le reste.

organismes vivant dans un lieu donné. Les petits oiseaux se font manger par de plus gros, tels que les faucons ; d'autres oiseaux (comme l'aigle à tête blanche) mangent du poisson ayant absorbé du DDT. Enfin quelques carnivores deviennent la proie d'ours ou de loups.

Le DDT accumulé par ces animaux n'est pas directement mortel, il peut avoir d'autres conséquences. Par exemple, la coquille des œufs des oiseaux doit sa solidité au calcium, or le DDT perturbe cela ; fragilisés, les œufs se cassent lorsque la mère les couve dans le nid. C'est ainsi que les pélicans, les rouge-gorges et les aigles à tête blanche ont été victimes du DDT.

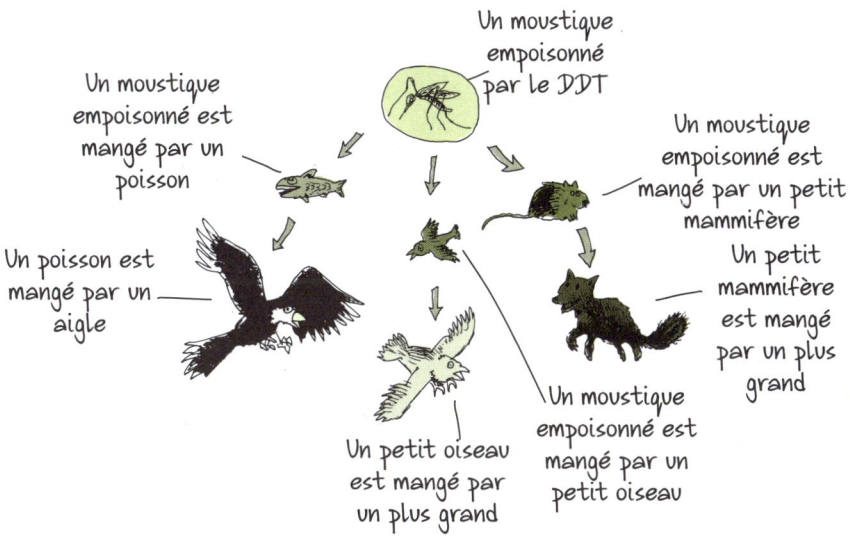

Un moustique empoisonné par le DDT

Un moustique empoisonné est mangé par un poisson

Un poisson est mangé par un aigle

Un petit oiseau est mangé par un plus grand

Un moustique empoisonné est mangé par un petit oiseau

Un moustique empoisonné est mangé par un petit mammifère

Un petit mammifère est mangé par un plus grand

Le cycle de l'eau de Rachel Carson
EXPÉRIENCE 46

Grâce à Rachel Carson et à d'autres militants, la protection de l'environnement est mieux prise en considération. L'interdiction du DDT et d'autres composés chimiques nocifs, ainsi que le contrôle des polluants de l'air et de l'eau, a eu un énorme effet. De nombreux habitats sont repeuplés par des espèces végétales et animales qui en avaient disparu depuis des décennies. Le sandre du lac Érié est de nouveau en plein essor, alors que ce grand Lac du nord des États-Unis était considéré comme très pollué. Le saumon sauvage remonte maintenant la Seine jusqu'à Paris.

Ces succès montrent bien que la nature peut se sortir de ce type de catastrophes écologiques lorsque de bonnes mesures sont prises. Si l'arrivée de déchets et de polluants est limitée ou stoppée, l'eau peut se purifier d'elle-même.

Cette expérience met en évidence le cycle de l'eau « évaporation/condensation ». Dans la première phase, l'eau liquide devient un gaz, de la vapeur, puis, en se refroidissant, la vapeur redevient liquide. On constate que l'eau se sépare ainsi des autres matières. Choisissez de préférence une journée chaude et ensoleillée pour cette expérience.

VOUS AUREZ BESOIN DE :

- UN VERRE GRADUÉ
- TERRE OU SABLE
- UN SALADIER (ENVIRON 20 CM DE DIAMÈTRE)
- EAU
- UNE CUILLER EN BOIS
- UN PETIT VERRE, DEUX FOIS MOINS HAUT QUE LE SALADIER
- FILM PLASTIQUE
- UNE BILLE

ATTENTION !

Vous trouverez peut-être qu'il n'est pas facile de réaliser une tension appropriée du film plastique sur le bord du saladier. Prévoyez assez de film pour deux ou trois essais.

1 Dans le saladier, mélangez complètement 300 g de terre ou de sable avec un litre d'eau.

2 Placez soigneusement le verre au centre du saladier dans le mélange, mais sans que celui-ci puisse y entrer.

3 Découpez un carré de film plastique assez grand pour couvrir le saladier.

4 Appliquez le plastique sur l'ouverture du saladier, sans trop serrer, en laissant « un peu de mou ».

5 Mettez le bol dans un endroit ensoleillé, au niveau d'une fenêtre ou à l'extérieur, et posez la bille sur le film juste au-dessus du verre. La bille doit former un creux précisément à l'endroit où l'eau pourra goutter directement dans le verre, plus tard dans l'expérience.

6 Laissez reposer durant plusieurs heures, puis retirez le film plastique.

7 Il devrait y avoir de l'eau claire dans le verre. Le mélange de sable ou de terre sera beaucoup plus sec. Le soleil réchauffe l'eau, qui se transforme en vapeur. Celle-ci se refroidit un peu au contact du film. Elle se condense alors, redevenant liquide et goutte dans le verre. Le poids de la bille forme un creux dans le film et l'eau condensée tombe goutte à goutte au milieu, juste au-dessus du verre. Le cycle de l'eau se produit à grande échelle : l'eau des océans, des lacs ou des rivières s'évapore, puis se condense en se refroidissant et retombe en pluie.

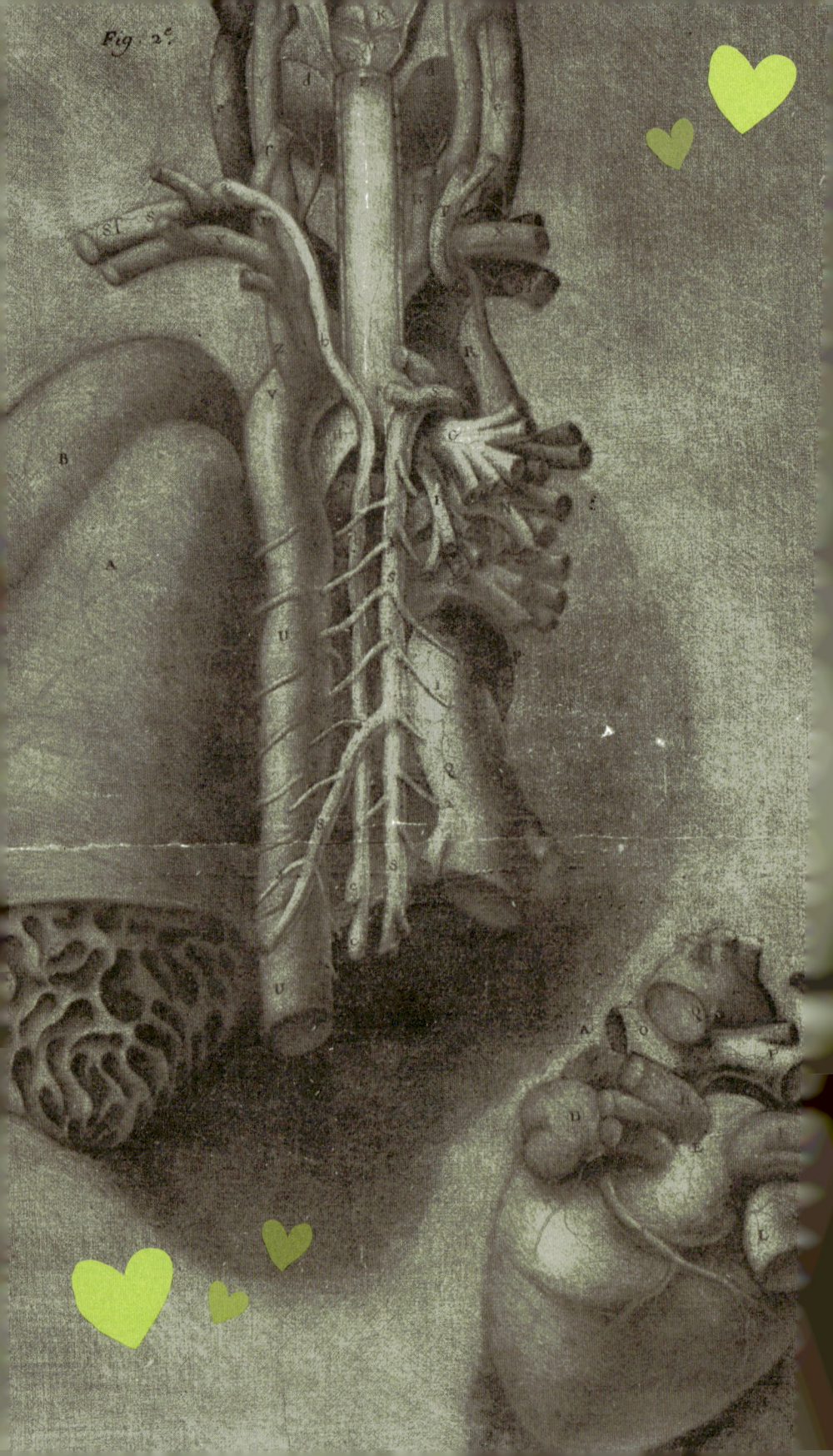

Fig. 2.

Christiaan Barnard et la
PREMIÈRE GREFFE DU CŒUR

À NOUVEAU, LA PEUR DE FRANKENSTEIN ?

Avant le milieu du XXe siècle, l'idée d'enlever un organe humain, un rein, un foie, un cœur et de le remplacer par celui d'une personne morte était l'objet de rêves, ou bien de cauchemars. Cela évoquait des images de pilleurs de tombes, à l'œuvre dans des cimetières par les nuits sans lune. Les plus célèbres de ces transplantations maléfiques sont probablement celles qui ont donné naissance au monstre du Dr Frankenstein dans le roman de Mary Shelley en 1818 (voir page 100).

Une autre vision de telles opérations est bien sûr possible : un mort n'a plus besoin de son foie ni de son cœur or ces organes pourraient sauver la vie de personnes malades. Cette belle idée de la greffe d'organes soulève cependant bien des difficultés, médicales tout d'abord, mais également éthiques.

Au début du xxᵉ siècle, la science médicale était en mesure de réaliser de nouvelles greffes d'organes. Les techniques chirurgicales modernes, associées aux progrès des traitements, garantissaient mieux la sécurité des greffes. Les questionnements sur les aspects moraux cédaient la priorité à la possibilité de sauver ou de prolonger la vie des patients.

De plus, la vieille accusation de « pilleurs de tombes » ne tenait plus, face à l'évolution des lois : en France, toute personne est présumée consentir au don d'organes, sauf si elle a choisi de se faire inscrire sur un fichier des refus, ou si elle a fait part à sa famille de son opposition. L'accord de la famille ou des proches est de toute manière demandé par l'équipe médicale qui envisage un prélèvement d'organes, même si la personne dispose d'une « carte de donneur ».

En 1954, une équipe médicale réussit la première greffe du rein, le prélèvement étant effectué sur un donneur vivant. Huit ans plus tard, les mêmes médecins réalisèrent la greffe d'un rein prélevé sur une personne qui venait de décéder. Les greffes de poumon et de foie suivirent, en 1963 et 1967.

Le 3 décembre 1967, le docteur Christiaan Barnard, au Cap, en Afrique du Sud, réalisa la première greffe d'un cœur humain. Louis Washkansky allait mourir à 55 ans d'une maladie cardiaque. Au cours d'une opération qui dura neuf heures, Barnard préleva le cœur d'une femme de 25 ans, morte dans un accident de voiture, puis l'implanta dans la poitrine de

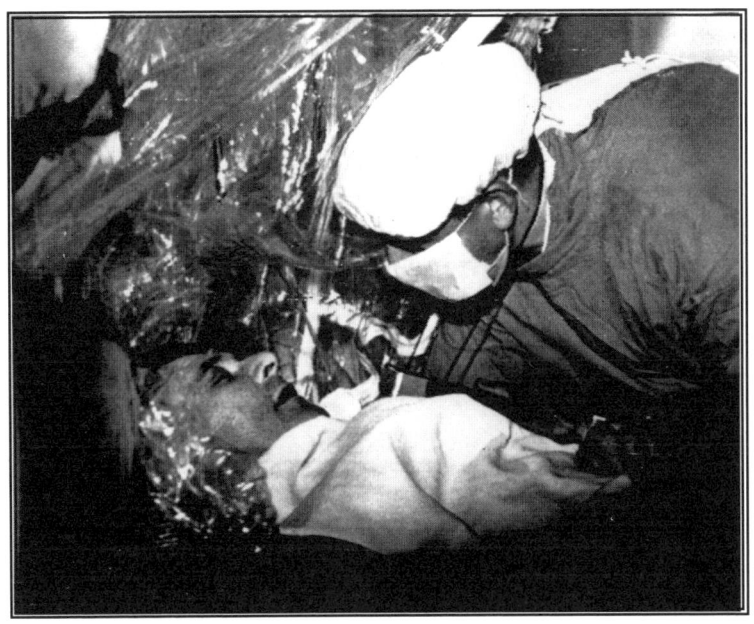

Le Dr Barnard examinant son patient
après sa greffe du cœur.

Washkansky. L'opération réussit, mais le traitement
administré pour lutter contre le rejet (voir « La
caution scientifique » page 282) avait amoindri sa
résistance aux infections, au point que 18 jours après
l'opération, Washkansky mourut d'une pneumonie. Cependant, sans opération, il était condamné ;
de plus, il savait que l'expérience ferait progresser
la médecine, même si une catastrophe avait lieu.
Effectivement, les progrès des techniques chirurgicales et des traitements sont aujourd'hui tels que
l'on peut vivre des dizaines d'années avec un cœur
nouveau. Merci, monsieur Washkansky !

LA CAUTION SCIENTIFIQUE

DANS LES TEMPS ANCIENS, LE CŒUR ÉTAIT considéré, non seulement comme un organe important, mais comme le siège de la personnalité et peut-être même de l'âme. Il y a 500 ans, les savants ont commencé à comprendre que le cœur était l'organe responsable de la circulation du sang. Cette simple notion a suffi à écarter tout mystère : le cœur est un muscle chargé de fonctions vitales spécifiques.

La greffe d'organes est restée un rêve durant des siècles. De remarquables progrès, de la fin du XVIIIe siècle au début du XXe, ont permis d'envisager cela comme une possibilité réelle. L'une des difficultés majeures était le risque de rejet : l'organisme pourrait considérer l'organe greffé comme un envahisseur à éliminer. Il fallait donc résoudre ce problème afin de réaliser des greffes en toute sécurité.

Au début du XXe siècle, les médecins ont pratiqué des transfusions sanguines — ce qui consiste à donner du sang d'une personne saine à un malade — mais les résultats n'étaient pas toujours bons : les essais étaient parfois mortels pour les patients. Le médecin autrichien Karl Landsteiner découvrit l'existence de plusieurs types de sang, les groupes sanguins. Cela provient de groupes de protéines (antigènes et anticorps) qui sont en première ligne des défenses de l'organisme contre les « envahisseurs ». Les transfusions sont toujours possibles entre personnes du même groupe sanguin, mais il existe des risques entre groupes incompatibles.

Les techniques chirurgicales progressaient également ; durant les années 1950, les sutures (coutures effectuées pendant et après une opération) étaient devenues rapides et efficaces. De plus, le stockage des organes en attente d'une greffe était devenu une pratique courante. Barnard fit usage de tous ces progrès pour la greffe de 1967. L'opération réussit, mais Washkansky fut victime d'une pneumonie.

Depuis 1967, des progrès remarquables ont conduit à des traitements permettant de surmonter les « rejets », sans supprimer totalement les défenses naturelles de l'organisme contre les envahisseurs.

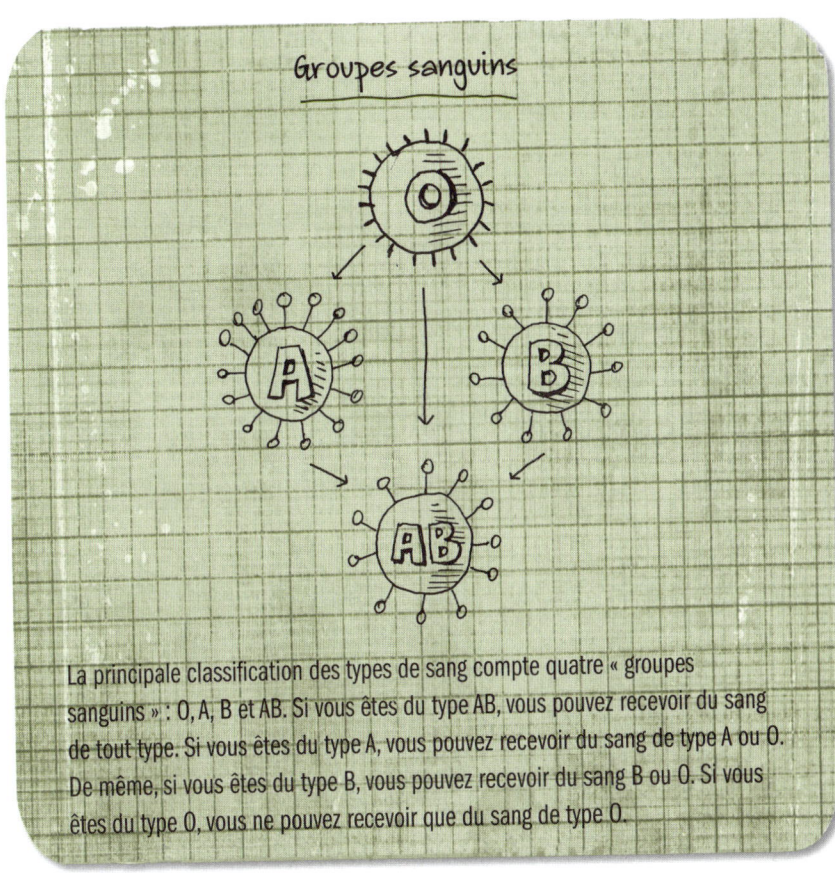

Groupes sanguins

La principale classification des types de sang compte quatre « groupes sanguins » : O, A, B et AB. Si vous êtes du type AB, vous pouvez recevoir du sang de tout type. Si vous êtes du type A, vous pouvez recevoir du sang de type A ou O. De même, si vous êtes du type B, vous pouvez recevoir du sang B ou O. Si vous êtes du type O, vous ne pouvez recevoir que du sang de type O.

Faites votre propre stéthoscope
EXPÉRIENCE 47

Le bûcheron en fer-blanc du film *Le magicien d'Oz* (1939) est désolé d'être dépourvu de cœur. Il rêve de pouvoir dire un jour : « J'entends battre un cœur... Oh quel bonheur ! ». Cette expérience vous permet de réaliser cela en fabriquant un stéthoscope (instrument permettant d'écouter le cœur et les poumons).

VOUS AUREZ BESOIN DE :

- **UN TUBE EN PLASTIQUE D'ENVIRON 1,5 CM DE DIAMÈTRE ET DE 60 CM DE LONGUEUR (VOUS POUVEZ EN TROUVER DANS UN MAGASIN D'ARTICLES MÉNAGERS).**

- **UN ENTONNOIR EN PLASTIQUE**

- **RUBAN ADHÉSIF (FACULTATIF)**

ATTENTION !

N'enfoncez aucun objet profondément dans votre oreille !

1 Glissez le tube de plastique au bout de l'entonnoir. S'il n'est pas bien adapté, fixez-le à l'aide de ruban adhésif.

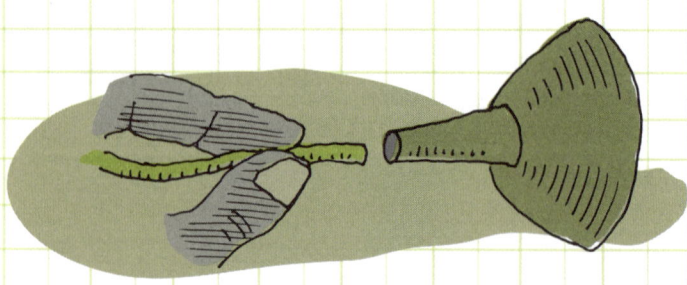

2 Posez l'ouverture large de l'entonnoir au centre de votre poitrine, au niveau de votre cœur. Introduisez doucement l'autre bout du tube dans votre oreille.

3 Comptez le nombre de battements durant 30 secondes et notez-le. Enlevez maintenant le stéthoscope.

4 Courez aussi vite que vous le pouvez durant une minute. Écoutez à nouveau votre cœur : il devrait battre plus fort et plus vite.

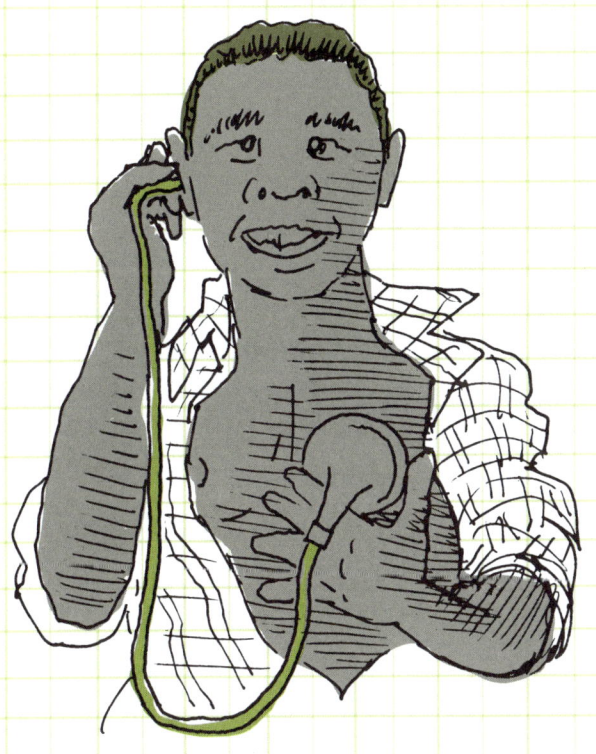

Observez les battements de votre cœur
EXPÉRIENCE 48

Comprendre exactement ce qu'est le cœur et comment il fonctionne est la première étape d'une longue histoire médicale qui a abouti à la première greffe du cœur. Vous pourrez aussi suivre une partie de ce cheminement.

Cette expérience offre un moyen simple et astucieux d'observer les battements de votre propre cœur par l'intermédiaire des mouvements d'une paille posée sur votre poitrine. Cela pourra aussi servir à mesurer votre fréquence cardiaque après certaines activités.

VOUS AUREZ BESOIN DE :

- PÂTE À MODELER
- PAILLES POUR BOIRE
- UN CHRONOMÈTRE OU UNE MONTRE AVEC AIGUILLE DES SECONDES
- PAPIER
- UN STYLO
- UN CANAPÉ OU UN LIT

Même battu, il continue à battre !

ATTENTION !

Assurez-vous de trouver l'endroit de votre cou où les battements sont les plus intenses. Sinon, la partie la plus remarquable de l'expérience, c'est-à-dire les battements de la paille au rythme de votre cœur, ne sera pas aussi spectaculaire.

1 La première étape est de trouver votre « pouls » au niveau du cou (un point sur le passage d'une artère) : posez deux doigts joints vers l'avant et le côté de votre cou.

2 Repérez bien la zone où vos doigts perçoivent les battements.

3 Allongez-vous sur le dos, sur un lit ou sur un canapé. Placez un peu de pâte à modeler sur votre cou à l'endroit choisi.

4 Piquez une paille dans la pâte en la faisant pointer vers le haut. Vous devriez la voir vibrer au rythme de vos battements de cœur.

5 Comptez le nombre de pulsations durant 30 secondes. Multipliez ce résultat par deux pour obtenir le nombre de battements par minute.

6 Reportez cette valeur sur la feuille de papier et indiquer « Au repos ».

7 Enlevez la pâte et la paille et courez sur place durant une minute. Répétez les étapes 4, 5 et 6 et écrivez la nouvelle valeur du rythme cardiaque en indiquant « course sur place ».

8 Trouvez d'autres activités à faire et reprenez votre pouls. Quelle conclusion pouvez-vous en tirer ?

Dieter Issler et L'AVALANCHE DE GALTÜR

« ATTENDRE À L'ABRI ET LAISSER VENIR » : UNE MÉTHODE SCIENTIFIQUE !

Galtür est un village de montagne niché dans le Tyrol autrichien, non loin de la frontière suisse. Durant l'été, les touristes y pratiquent la randonnée dans les alpages et sur les sentiers. Mais c'est naturellement le ski qui règne durant tout l'hiver.

Nous voici dans l'après-midi du 23 février 1999, au plus fort de la saison. Parmi les chalets du paisible village, des amateurs dégustent cafés et pâtisseries. Là-haut, sur les pistes, les skieurs profitent des dernières descentes de la journée. Soudain, à 16 h 01, la catastrophe frappe.

Une plaque de neige géante se détache de la crête, dévale le versant de la montagne, droit vers Galtür : c'est l'avalanche, si redoutée dans tous les villages de montagne.

Emportant avec elle des masses de neige fraîche, l'avalanche prend de la vitesse, fonçant à plus de 280 km/h à l'instant de son arrivée. Un terrifiant mur de neige, de plus de 100 mètres de haut, pesant 170 000 tonnes, se précipite sur le village. Il l'atteint en moins d'une minute, ensevelissant ou détruisant les chalets. Les équipes de secours auront bien du mal à arriver jusqu'aux personnes qui étaient sur la trajectoire de l'avalanche. Lorsque le village fut finalement dégagé, 31 corps furent retirés de leur tombe de neige.

Le gouvernement autrichien fit effectuer des recherches pour analyser le déclenchement d'une avalanche (dans un domaine pourtant considéré comme sûr), ainsi que pour éviter à l'avenir de pareilles catastrophes. Les enquêteurs purent décrire les faits, mais les mesures de prévention posaient un gros problème, faute de données scientifiques recueillies lors du déroulement d'une avalanche, idéalement de l'intérieur même.

Par une étrange coïncidence, Dieter Issler, qui appartenait alors à l'Institut suisse de la neige et des avalanches, avait mené de telles recherches quelques semaines seulement avant la

catastrophe de Galtür. L'équipe d'Issler était installée dans un abri de béton, au pied d'une montagne
escarpée. Leurs détecteurs sensibles et leur radar
étaient prêts à observer une avalanche déclenchée
par une explosion de dynamite au sommet.

Paravalanches (en acier) mis en place pour le contrôle des avalanches
dans les Alpes suisses.

Après l'avalanche, les scientifiques durent se frayer
un chemin à travers deux mètres de neige. Ils mirent
en commun leurs résultats avec les enquêteurs et les
habitants de Galtür, où des paravalanches (barrières,
filets, grillages...) sont maintenant installés.

LA CAUTION SCIENTIFIQUE

IL EST DIFFICILE D'IMAGINER, TANT LA NEIGE EST pour tous l'occasion de joyeuses batailles ou de jeux sans danger, qu'elle puisse tuer. Pourtant, tous ceux qui ont vécu une avalanche le savent parfaitement : la neige est à l'origine de l'une des catastrophes naturelles les plus soudaines et les plus potentiellement mortelles.

De même que les glissements de terrain et les chutes de pierres, les avalanches proviennent d'éléments dévalant à grande vitesse le long d'un terrain en pente. Bien que les avalanches puissent charrier des roches, des arbres, et même des maisons, elles ont toujours la neige pour origine. La catastrophe de Galtür de 1999 montre que les avalanches atteignent des vitesses dépassant 200 km/h, emportant des centaines de milliers de tonnes de neige et de débris, renversant presque tout sur leur passage.

Les habitants des vallées montagnardes connaissent les avalanches depuis des siècles, mais les connaître et s'en protéger de manière parfaite sont deux choses bien distinctes. Le premier problème est qu'en montagne le risque existe toujours ; la seule manière d'y d'échapper totalement serait de ne pas vivre là. Cela étant inacceptable, les autorités doivent faire leur possible pour minimiser les risques.

C'est là qu'apparaît le second problème : il n'existe pas deux avalanches se comportant exactement de la même façon. Tout dépend de différents facteurs : la quantité et le type de neige, la température et son évolution, la pente, la vitesse et la direction du vent ; ce sont là les « variables » du problème.

C'est en cela que les recherches menées à l'Institut suisse de la neige et des avalanches se sont révélées indispensables. Non seulement Dieter Issler et son équipe scientifique ont observé l'avalanche selon la méthode « attendre à l'abri et laisser venir », mais l'Institut avait également étudié l'évolution des conditions météorologiques durant les semaines précédant la catastrophe de Galtür. Grâce aux résultats de l'avalanche déclenchée artificiellement et à ceux du 23 février, les habitants de Galtür ont pu reconstruire leurs chalets en mettant en place tout un réseau de dispositifs paravalanches.

Dans les zones où existent des risques d'avalanches, on dresse des chiens à rechercher et secourir des survivants, prisonniers sous des mètres de neige.

Une avalanche dans la cuisine !
EXPÉRIENCE 49

Quand ils ne sont pas en train de s'extirper eux-mêmes d'un énorme tas de neige, les scientifiques spécialistes des avalanches travaillent sur des modèles réduits leur permettant de prédire le comportement de la neige et de la glace dans un large éventail de circonstances. Cette expérience est une version de ces modèles n'utilisant que des produits d'emploi quotidien : ni glace, ni rochers, ni neige !

Il est préférable de faire cette expérience à l'intérieur, afin qu'une rafale de vent soudaine ne déclenche pas trop tôt l'avalanche. Vous allez préparer quatre ensembles distincts de conditions d'avalanche, disposés en bandes de taille identique sur une plaque de polystyrène. En bon scientifique, vous aurez naturellement prévu de quoi noter tout le déroulement de l'expérience.

VOUS AUREZ BESOIN DE :

- UNE PLAQUE DE POLYSTYRÈNE EXPANSÉ DE 90 CM SUR 30 CM
- UNE RÈGLE
- UN CRAYON
- PAPIER DE CUISSON
- UNE PAIRE DE CISEAUX
- TOILE DE JUTE
- UNE DIZAINE DE BONBONS
- COLLE
- UN JOURNAL
- 2 TASSES DE SUCRE SEMOULE
- 2 KG DE FARINE
- 2 TASSES DE PURÉE INSTANTANÉE
- 4 LIVRES DE POCHE, D'ÉPAISSEUR VOISINE

ATTENTION !

Une fois que tout est en place, il est indispensable de conduire l'expérience lentement, sans à-coups. En effet, vous devez observer le début du moindre mouvement, ainsi que noter au fur et à mesure tout ce qui se produit, et à quel moment.

1 Commencez par marquer sur les deux grands côtés de
la plaque de polystyrène des repères à 22,5 cm, 45 cm,
67,5 cm. Reliez ces points
par trois traits de crayon
partageant la plaque
en quatre panneaux de
22,5 cm sur 30 cm, comme
sur l'illustration ci-contre.

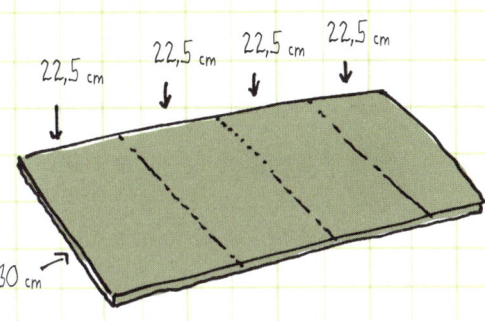

2 Préparez une bande
de 22,5 cm sur
30 cm de papier cuisson et une bande de toile de jute de mêmes
dimensions.

3 Collez 4 bonbons en ligne droite vers le milieu du panneau
de gauche, donc à 15 cm du bord supérieur. Collez le reste
des bonbons au hasard sur le troisième panneau.

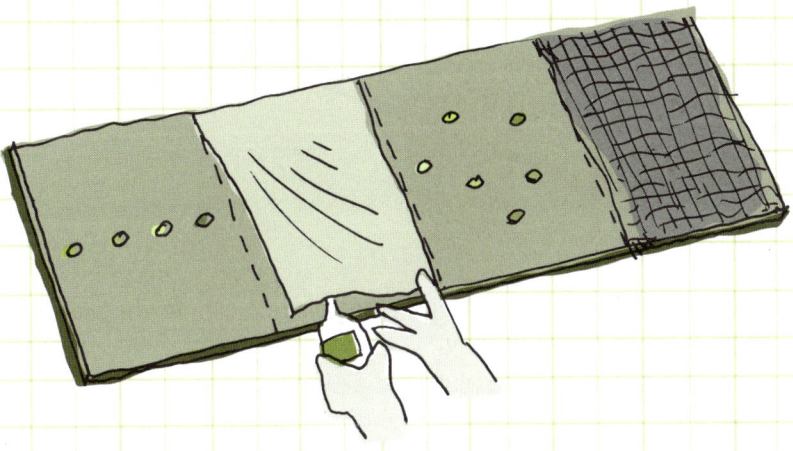

4 Collez la bande de papier de cuisson sur le deuxième
panneau et la bande de toile de jute sur le quatrième.

5 Laissez à la colle le temps de sécher.

6 Étalez le journal sur la table ou sur le plan de travail où votre avalanche aura lieu. Posez la plaque sur le journal, face préparée vers le haut.

7 Saupoudrez du sucre semoule sur la totalité de la surface de la plaque : ce sera la première chute de neige de l'hiver.

8 Répandez la moitié de la farine (représentant de la neige lourde) sur toute la surface, recouvrant complètement le sucre. Tapotez la couche de farine afin de l'égaliser.

9 Déposez maintenant sur l'ensemble une couche de purée instantanée (cette « purée en flocons » sera parfaite pour la poudreuse tombant au plus froid de l'hiver !).

10 Enfin, saupoudrez la farine restante (neige lourde, quand il fait moins froid) sur l'ensemble, et répartissez-la uniformément.

11 Vous êtes face à une « avalanche sur le point de se produire », comme à Galtür le 23 février 1999.

12 Soulevez délicatement l'un des longs côtés de la planche et glissez en dessous un livre de poche, afin de créer une légère pente. Observez bien tout glissement éventuel ou autre mouvement.

13 Ajoutez progressivement un par un des livres supplémentaires pour augmenter la pente. Notez quelles sont les zones les plus stables, et celles qui glissent en premier.

14 Avec le bout de votre crayon, tapez légèrement en différents endroits de votre pente. Pouvez-vous prévoir où se déclenchera l'avalanche ?

Au LHC ! Le grand
COLLISIONNEUR DE HADRONS

LA FIN DU MONDE, TEL QUE NOUS LE CONNAISSONS ?

Les livres les plus passionnants sont ceux qui vous laissent en suspens jusqu'à la fin : le héros survivra-t-il, ou bien les forces du mal vont-elles le vaincre ? Le présent livre ne fait pas exception : jusqu'ici, chacun des 33 chapitres précédents a eu une issue heureuse : le téméraire scientifique aura survécu à l'épreuve, ou bien le monde aura échappé à la destruction. Ce chapitre-ci est un peu différent. Une fois de plus, il concerne une entreprise scientifique qui aurait pu nous mettre tous en danger... mais il nous faut encore attendre pour accéder à toutes les réponses aux questions que les scientifiques se posent !

Ce qui est en jeu implique à la fois des

connaissances sur les régions les plus éloignées de l'Univers, ainsi que sur les plus infimes particules qui nous entourent et nous constituent. Aujourd'hui, les scientifiques ont à leur disposition la plus grande et la plus complexe des machines jamais construites, afin d'étudier ce qui s'est produit aux premiers instants de l'Univers. Il s'agit d'un accélérateur de particules, le LHC (*Large Hadron Collider*, grand collisionneur de hadrons). Il se trouve à 90 m sous la campagne genevoise (au fait, n'était-ce pas à Genève que le Dr Frankenstein avait son fameux laboratoire ?).

« Big Bang » est le surnom donné par les scientifiques à l'événement cosmologique qui a donné naissance à l'Univers.

Pour les scientifiques, l'Univers est issu d'une dilatation rapide qui fait penser à une explosion, le Big Bang. Des particules se sont formées, constituant ensuite les étoiles et les planètes. Le LHC veut le créer, à toute petite échelle, les conditions qui étaient celles de la première nanoseconde (milliardième de seconde) après le Big Bang (voir encadré). Les scientifiques espèrent ainsi pouvoir répondre aux questions les plus fondamentales sur l'espace, le temps, l'électromagnétisme, la gravitation, les quarks et l'origine même de l'Univers. Mais, dès la conception du projet, il y eut un certain nombre de problèmes. En effet, certains ont craint que le fonctionnement de cette machine ne crée un petit trou noir qui aurait englouti la Terre instantanément. Voilà qui aurait été potentiellement catastrophique !

Certes, nul ne sait encore tout ce que le LHC pourra apporter à la science, si cela vaudra les 9 milliards de dollars qu'il a coûté... Mais pour la communauté scientifique, cela ne fait pas le moindre doute !

Un **trou noir** est une région de l'espace dans laquelle est concentrée une si grande masse que rien ne peut s'en échapper, pas même la lumière. Les astronomes ont récemment découvert l'existence d'un trou noir de très grande masse au centre de notre propre galaxie, la Voie Lactée !

Le globe de la science et de l'innovation : le symbole du CERN.

LA CAUTION SCIENTIFIQUE

LE CERN (CONSEIL EUROPÉEN POUR LA RECHERCHE nucléaire) est l'organisation à laquelle on doit le LHC. Il est bien connu pour ses ambitieux projets dont notre monde garde la trace. Savez-vous par exemple que chaque fois que vous « surfez » de site en site internet, dont les adresses débutent par le préfixe familier « www » (« *World Wide Web* », ce réseau à l'échelle du monde), vous utilisez des technologies qui ont été développées au CERN ?

Le nom du LHC (Grand collisionneur de hadrons) tire son nom des hadrons, particules minuscules, elles-mêmes constituées d'autres particules, les quarks. Quand ils sont animés d'une vitesse très élevée et qu'ils entrent en collision, les hadrons produisent d'autres particules. Le LHC a été construit pour réaliser de telles collisions.

Chaque hadron tourne sur l'anneau du LHC, long de 27 km, à une vitesse telle qu'il effectue 11 245 tours en une seconde. Cette vitesse est presque égale à celle de la lumière (elle en représente 99,9999991 % !).

Le LHC a été conçu pour que les hadrons atteignent de telles vitesses. De plus, cet accélérateur est un

« collisionneur » : quand deux hadrons se déplaçant pratiquement à la vitesse de la lumière entrent en collision frontale, le choc produit une énergie telle qu'une particule *prévue* par la théorie, mais jamais *observée* jusqu'alors a pu être observée : il s'agit du fameux boson de Higgs. Le 4 juillet 2012, les scientifiques du CERN annoncent sa découverte « très probable ». Le 14 mars 2013, la découverte du boson de Higgs devient officielle ! Le premier objectif du LHC est atteint... donc les recherches et le décryptage des secrets de l'Univers vont se poursuivre au moyen de cette extraordinaire machine.

Pour accélérer les hadrons à une vitesse aussi proche de celle de la lumière, il faut effectivement un ensemble technologique peu commun : 9 000 électro-aimants focalisent les faisceaux, le tunnel de 27 km est vide de matière et sa température (–237° C) est inférieure à celle de l'espace. Dix mille scientifiques venant de plus de cent pays y travaillent. Mais pourquoi la découverte du boson de Higgs valait-elle tous ces efforts ? Tout l'édifice théorique de la physique actuelle implique son existence : sans lui, aucune particule ne posséderait de masse, l'Univers ne pourrait exister ! Il n'est pas étonnant qu'il soit parfois appelé la particule de Dieu...

Vitesse de la lumière et marshmallows
EXPÉRIENCE 50

La lumière est si rapide qu'elle peut faire plus de sept fois le tour de la Terre en une seconde. Qui donc pourrait mesurer une vitesse aussi grande ? La réponse est surprenante : vous !

Il faut bien sûr disposer d'un minimum de connaissances (une seule formule !) et d'un peu de matériel (un four à micro-ondes et une calculatrice). La lumière est une onde électromagnétique (voir page 166), tout comme les micro-ondes du four. Elles vont toutes à la même vitesse et... Ah oui, n'oublions pas l'essentiel : il faut aussi des marshmallows !

En certains points fixes de l'enceinte du four, les marshmallows fondent. Ces points correspondent aux maximums du système d'ondes (ondes stationnaires) qui s'établissent dans le four. La mesure de la distance entre deux zones fondues voisines est égale à la moitié de la longueur d'onde des micro-ondes du four. Cette mesure, et la connaissance de la fréquence de ce four vous permettront de calculer la vitesse des ondes par cette formule :

fréquence x longueur d'onde = vitesse

Quand vous aurez effectué les calculs, vous aurez droit à votre récompense : les marshmallows !

VOUS AUREZ BESOIN DE :

- UNE ASSIETTE POUVANT PASSER AU FOUR À MICRO-ONDES
- MARSHMALLOWS (ÇA MARCHE AUSSI AVEC DU CHOCOLAT !)
- UN FOUR À MICRO-ONDES, SANS SON PLATEAU TOURNANT

- UNE RÈGLE
- UNE CALCULATRICE

ATTENTION !

Il est possible que la valeur de la vitesse de la lumière obtenue s'écarte beaucoup de la vitesse réelle. Cela tient au fait que le principe de mesure adopté suppose des ondes stationnaires à une dimension, comme c'est le cas de la vibration d'une corde de guitare. En fait, les ondes se répartissent dans un volume à trois dimensions.

1 Placez des marshmallows sur l'assiette.

2 Mettez l'assiette dans le four à micro-ondes.

3 Mettez en marche le four (réglage faible, si vous en disposez). Arrêtez le four dès que certains marshmallows commencent à fondre.

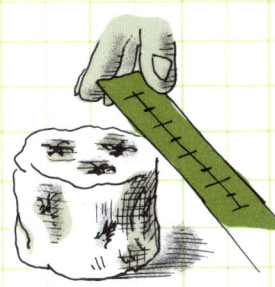

4 Mesurez la distance entre deux zones fondues voisines et multipliez-la par 2 pour obtenir la longueur d'onde.

5 Vérifiez sur la plaque d'identification de l'appareil la fréquence du four. Vous lirez par exemple 2 450 MHz (MHz : mégahertz), soit une fréquence de 2 450 millions de fois par seconde.

6 Appliquez maintenant la formule. C'est là que la calculatrice devient utile : multipliez la valeur de la fréquence, sans oublier les 6 zéros, par la longueur d'onde en centimètres, déterminée à l'étape 4. Vous aurez ainsi la vitesse des ondes, en mètres par seconde ; le résultat obtenu devrait être proche de la valeur de la vitesse de la lumière.

7 Comparez votre résultat à la valeur précise : 299 792 458 mètres par seconde.

ÉPILOGUE

O uf ! Ce fut un bien long voyage, n'est-ce pas ? Depuis l'époque où les hommes des cavernes découvraient la Terre, jusqu'à l'ère des fusées explorant le système solaire. Si vous n'êtes pas totalement hors d'haleine, prenez quelques instants pour méditer sur tout ce qu'a produit l'esprit humain, dans toutes ces circonstances. Considérez aussi, comme tous les scientifiques l'ont sans doute fait, que les catastrophes potentielles ne sont pas si catastrophiques, si on les considère du point de vue adéquat. Enfin, pourquoi ne pas garder votre blouse de laboratoire, afin de découvrir où ce chemin conduira ? Peut-être serez-vous l'auteur des prochains chapitres de cette belle histoire ?

70207 - (I) - (7) - OSB 90° - 381 - ARC - API

Imprimé en Belgique par Snel - Septembre 2013 - 62804

Dépôt légal : Octobre 2013